정치의 원형을 찾아서

고대 그리스 정치

차례
Contents

그리스 정치의 이해

고대 그리스 하면 시민의 나라 폴리스, 그리고 아테네와 스파르타를 떠올리게 된다. 오늘날 그리스의 국토 면적은 에게해 등의 섬들까지 다 합쳐서 우리나라의 남북한을 합친 것보다 약간 더 넓으며, 폴리스가 별로 없던 옛날보다 북쪽지역으로 더 확대된 것이다. 그 당시 어느 정도 안정된 폴리스의 수는 150여 개 정도로 추산되기도 했다.

폴리스는 '도시국가'로 번역되는데, 작은 도읍 정도의 국가란 뜻으로 풀 수 있다. 주로 기원전 800년경에 나타난 폴리스는 기원전 338년 코린토스 동맹이 형성됨으로써 쇠퇴하게 된다. 코린토스 동맹은 그리스 동북쪽에 있던 마케도니아가 스파르타를 제외한 나머지 그리스 내 도시국가들을 정복한 뒤

결성한 도시동맹으로 마케도니아의 괴뢰정부였다.

폴리스는 언제나 고정된 것이 아니고 상당히 가변적이었다. 형편에 따라 여러 촌락이 뭉쳐 커지기도 하고 또 하릴없이 흩어지기도 하였다. 대체로 그리스의 북쪽 내륙보다 해변 및 남쪽 지역에 폴리스가 많았다고 하는데, 그중 응집력이 강했던 예가 아테네, 스파르타, 코린토스 등이라 한다. 아예 폴리스의 중심을 갖지 않고 씨족 혹은 부족으로 산재한 에트노스(종족, ethnos) 지역도 있었다.

고대 그리스 정치사는 원시 혈연사회와 고대 후기 로마제국 사이의 과도기적 정치형태를 보여준다. 자유 시민사회는 정권이 발달되기 전의 자연스런 사회형태에 가깝지만, 군사제국주의의 출현은 알렉산드로스 및 로마제국의 전례가 된다.

시민사회라고 하면 흔히 노예와 대조적인 사회계층으로 이해하곤 하는데, 이것은 반드시 옳은 것은 아니다. 우리가 전형적인 것으로 이해하고 있는, 이른바 신체적으로 예속된 노예가 없는 시민사회도 이론적으로 있을 수 있기 때문이다. 오히려 시민이란 국가의 의무부담과 권리행사의 주체가 된다는 점에서 중요하다. 이들은 흔히 가부장 혹은 세대주인 경우가 많았고 그 가속들은 불완전 혹은 예비 시민권(아들의 경우)을 갖는 경우도 있었고 시민권이 없는 경우도 있었다. 또 시민권이 없다고 해서 반드시 노예가 되는 것은 아니었다.

시민의 국가에서는 정치권력기구나 조직적 수세제도 같은 것이 발달되어 있지 않아서 흔히 시민단 자체(민회)나 그 대표단(의회나 그 대표행정위원들)들이 국정 결정의 주체가 된다. 이 같은 사회는 권력행사의 정치기구와 사회의 조직화가 진전된 오리엔트나 중국 등 동방의 왕국과는 다르다. 자유시민의 가장 큰 특징은 자체무장을 할 수 있는 능력이 있어야 한다는 점이다. 이것은 자기방어 능력을 상실하고 무장해제된 동방의 농민과는 아주 대조적이다.

이렇다할 정치권력이나 무력집단이 따로 없었던 폴리스에서 무장한 시민들의 불만은 곧 사회불안으로 이어졌다. 그래서 빈부 간에 갈등이 생기면 어떤 식으로든 시민들 간의 합의를 통하여 해결해야 했다. 무력으로 반대편을 누르기가 어려웠기 때문이다. 한 예로 아테네의 솔론은 토지재분배의 과격한 개혁은 하지 않았지만 부채를 말소하여 사회불평등을 해소하려 하였다. 이와 같은 방법은 옛날 유대 사회의 희년(禧年: 기쁜 해) 제도와도 유사한 점이 없지 않다. 희년이란 7년을 7번, 그러니까 정기적으로 49년마다 매매되거나 빚에 담보 잡힌 토지를 하나님의 토지로 돌려서 모든 사람이 평등한 가운데서 새롭게 출발하도록 한 것이었다.

그리스의 폴리스에서 가진 자들은 토지재분배나 부채말소의 개혁가능성에 대해 끊임없이 경계하였다. 이 같은 개혁은 위정자들의 정치권력 및 무력이 강화되는 헬레니즘 군주국 및 로마제국 시대에는 보기도 듣기도 어려운 것이었다. 그리스의 정치적 갈등은 바로 도시국가의 시민들 간, 즉 한편으로 배타적 자기중심의 이익과 다른 한편으로 공익 사이의 대결이었던 것으로 이해할 수 있다.

　기원전 6~4세기경에 이르러 그리스 도시국가 간에는 군사동맹이 체결되고 용병제가 발달되었는데, 그 결정적 계기는 기원전 5세기 초 페르시아 전쟁 및 그에 대항하여 결성된 아테네 중심의 델로스 해상동맹이었다. 무력의 발달은 시민사회의 온갖 특징을 말살시켜 갔다. 군사력 증강과 함께 폴리스 안팎으로 정치권력 및 사회적 억압도 진전되었다. 혈연 및 시민사회의 공동체성은 파괴되고 사회경제적 불평등이 눈덩이같이 커져 갔다. 그 같은 전례는 알렉산드로스와 로마의 침략적 제국주의로 이어지게 된다. 이 책은 그와 같은 변화의 조짐이 본격화되기 직전인 기원전 338년경까지를 다룬다.

　폴리스 사회는 헬레니즘이나 로마제국 시대보다 훨씬 단순하다. 개인이 각기 무장을 갖추었던 그리스 시민사회는 사회적 불평등, 무력을 전유한 계층에 의한 사회적 억압 등이 후대에 비해 덜하였으며, 사회적 불평등을 상호 간 욕구타협의 방식으로 해결하였다. 초기 시민사회는 어떤 상투화된 도덕이나 원칙이 아니라 인간적인 욕구충족을 위한 기회의 균등과 공동체성이 강했다고 하겠다.

　그러므로 고대 그리스 사회가 당면했던 문제점과 그 해결의 지혜를 살펴보는 것은, 오늘날 상투적 이론의 도덕적 명분에 사로잡혀 자칫 왜곡되기 쉬운 우리 사회의 문제점들의 근원이 무엇이며 그것을 어떻게 풀어나가야 하는지에 관한 단서도 끌어낼 수 있을 것이라는 점에서 의미가 있다.

초기 그리스 정치의 개관

청동기 시대의 '미니(소규모)' 왕국

청동기 시대(2900~1100 B.C.)의 에게 해는 크레타 섬, 미노스 왕의 크노소스 궁전, 아가멤논의 미케네, 트로이 전쟁 이야기 등을 통하여 우리에게 알려진 곳이다. 트로이는 소아시아의 서북부 해안 히살리크 언덕 일대에 있었다. 기원전 1250년경에 일어났다고 하는 트로이 전쟁은 그리스의 여러 왕국들이 군대와 함선을 모아 함께 트로이를 쳐들어 간 사건으로, 그리스 연합군의 사령관은 미케네의 아가멤논 왕이었다. 전쟁은 10여 년간 계속되었으며 마지막 해의 이야기가 호메로스의 『일리아스』에 기록되어 있다. 트로이 전쟁은 오랫동안 가공의 전설로 간주되어 왔으나, 19세기 후반 아마추어 역사가였던 독일인 하인리히 슐리만은 『일리아스』의 이야기를 사실로 믿고 트로이와 미케네를 차례로 발굴하는 데 성공하였다. 그가 죽은 후에는 영국의 역사학자 에반스 경이 크레타의 미노스 궁전을 발굴하였다.

크노소스, 미케네, 트로이 등의 에게 해 문명은 '미니' 왕국 시대의 것으로, 근동 사회같이 왕이 있었으며 왕은 주변 촌락에서 세금을 걷었다. 그러나 이 왕국들은 그 규모나 권세에 있어 근동의 전제왕권에 비할 수 없을 정도로 작았다. 당시의 선문자 B에는 각 촌락에서 납부한 공물의 종류와 양이 기록되어 있다. 이 같은 국가형태는 다음에 나오는 자유시민의 도시국가와는 다른 것이다.

더구나 '미니' 왕국에서의 왕권은 오랜 기간 동안 강하게 지속된 것이 아니었다. 크레타의 왕국들은 기원전 1600년경, 미케네를 중심으로 한 펠로폰네소스 왕국들은 1400년경을 전후하여 왕권이 비교적 강했던 것으로 보이지만 그 어느 것이나 그리 오래 가지 않았고 그 중심지는 파괴되었다.

'미니' 왕국 시대의 문화에서는 정치권력이나 위정자들보다 서민들의 생활이 더 큰 비중을 차지하는 것으로 보는 편이 합리적이다. 지중해성 기후가 갖는 기후의 온화함, 특히 크레타의 풍요로움 속에서 이루어진 민중들의 생활유물은 현재 이라클리오 박물관에 보관되어 있다. 크레타 북쪽 크노소스 궁전 가까이 자리한 이라클리오 항구로부터 걸어서 5분여 거리에 위치한 이 박물관에는 청동기나 금붙이보다는 훨씬 더 많은 수의 석기와 도기가 진열되어 있는데, 흙으로 만든 갖가지 기발한 모양의 주전자들이 그들 생활의 여유와 재치를 보여준다. 오늘날의 그리스인들은 이런 자신의 조상들을 '칼리테크노이(훌륭한 예술가들)'라 부른다.

기원전 1200~1100년경 그리스 북방으로부터 철기를 가진 또 다른 분파의 그리스민족인 도리에이스인들이 내려오면서 청동기와 함께 '미니' 왕국들의 시대는 종말을 고한다. 그 후로부터 기원전 약 9세기 말에 이르기까지 300~400년 동안에 일어났던 사회의 변화에 대해서는 알려져 있는 것이 많지 않다. 청동기 시대의 궁궐 같은 것도 없고 선문자도 쓰이지 않게 되었으며 화장(火葬)의 풍습이 생겨나 무덤도 많지 않다. 더구나 청동기 시대에 있었던 이집트 등과의 교역의 흔적도 사라져 한동안 외부와 단절되었던 것으로 보인다. 그동안 과거의 '미니' 왕국들은 각각 더 작은 정치집단들로 분열되어 도시국가(폴리스)로 거듭났다.

도시국가(폴리스)의 성립

고대 그리스에는 독립된 도시국가가 많았다. 이것은 기원전 8세기경부터 형성되기 시작하여 마케도니아의 세력하에 편입되던 기원전 4세기 말까지 계속된다.

초기에는 독립적인 도시국가들이 유대관계를 돈독하게 하

기 위해 종교적 성격의 인보(隣保)동맹을 결성하였다. 교역이나 그 포괄 범위는 델포이나 올림피아와 같이 전 그리스에 걸친 넓은 것도 있고, 또 한 지역에 국한된 작은 것도 있다. 종교동맹은 최소한의 유대를 다지되 정치·경제적으로 상호 간섭하지 않음을 의미한다.

기원전 6~5세기에 이르러서는 군사동맹이 지역적으로 결성되었고, 기원전 6세기 중엽 펠로폰네소스 반도에서는 스파르타를 맹주로 하는 펠로폰네소스 육상동맹이 형성되었다. 그후 기원전 5세기 전반에 두 차례의 페르시아 전쟁을 거친 후에게 해 주변에서는 아테네를 맹주로 한 델로스 해상동맹이 결성되었다. 델로스 해상동맹은 수당을 주는 용병제가 기반이 되었으므로 시민병제의 그리스 사회에 큰 변화의 계기가 되었다. 군사동맹은 도시국가의 독립을 전제로 성립하였지만 그 성원들은 맹주의 눈치를 보지 않을 수 없었다.

군사력에 의한 도시국가의 독립 상실은 기원전 338년 마케도니아의 왕 필리포스의 그리스 침공이 그 결정적인 계기가 되었다. 기원전 338년, 마케도니아는 그때 아직 복속하지 않았던 스파르타만 제외하고 나머지 도시국가들의 연합의회를 코린토스에 마련하였다. 그전의 종교동맹 제전에는 크든 적든 도시국가의 대표가 참석한 것과 달리, 코린토스 동맹에서는 각 지역의 인구비례로 대표가 참가하였다. 과거의 독립된 도시국가는 인구나 크기에 무관하게 각기 대표를 파견하였으나 이제 대표의 원칙이 바뀌게 된 것이다.

각 폴리스의 영역은 언제나 고정된 것이 아니고 가변적이었다. 폴리스가 포괄하는 범위나 폴리스 내부의 지역 간 응집의 정도는 시기에 따라 달랐다. 그리스 중부 테바이는 통합과 분열을 거듭하였으며 수도인 아크로폴리스도 이동하였다. 그에 비해 스파르타, 아테네, 코린토스 등은 지속성이나 응집력이 그런대로 강했던 폴리스의 예라 할 수 있다. 아테네는 기원전 7세기에만 해도 포괄하는 영역 자체가 일정하지 않았지만, 6세기 초 솔론과 그 중엽 페이시스트라토스의 참주정기를 지나면서 점차 남쪽으로 해협을 건너 살라미스 등을 병합하였고, 서쪽으로 엘레우시스, 동쪽으로는 해안의 마라톤 평야까지 진출하여 아티카 반도 전역을 포괄하게 되었다. 북쪽 오로포스 등의 귀속여부는 아테네와 보이오티아 사람들 사이에 언제나 분쟁거리가 되었다.

또 아티카의 땅은 산지가 많아 척박하였으므로 인구가 늘면서 해외무역을 통해 얻는 밀에 대한 의존도가 더 높아졌다. 아테네의 외항 페이라이에우스는 포도주, 올리브 등 아티카의 특산물을 수출하고 대신 필요한 밀을 수입하는 항구였다. 아티카 반도는 아테네를 중심으로 응집력이 강한 폴리스로 오래 존재히였다. 코린토스도 상입이 발달한 폴리스로 한 때 바키아다이 가문에 의해 참주정이 성립될 만큼 중앙의 권력이 강하였다.

반면 스파르타는 아테네나 코린토스와는 다른 지형적 입지 조건인 비옥한 평야를 끼고 있어 곡물의 자급자족이 가능하였으므로 외국과의 교류 필요성이 많지 않았다. 그래서 전설의 리쿠르고스 입법에 따르면, 해외교역을 금지하고 내부적으로도 상업을 억제하고 부의 축적을 금지하며 최소한의 교역을 위해 금이나 은이 아닌 철전(鐵錢)만을 사용하도록 하였다. 스파르타는 아테네와 같이 중앙지향적인 권력보다는 각 지역별로 권력이 골고루 분포되어 있었던 것으로 보인다. 그리고 시민들이 생업과 전사의 역할을 겸한 다른 도시국가와 달리 농민과 전사가 구분되어 있었고 전사들만이 참정권을 가진 시민이었다.

리쿠르고스에 의한 효율적인 방어체제는 스파르타를 그리스 제일의 강력한 군사국으로 만들었다. 그 힘을 바탕으로 스파르타는 곧 서쪽의 높은 타이게토스 산 너머에 있는 파미소스 강변의 비옥한 메세니아 평야를 정복하여 그곳 사람들을 예속민으로 하였다. 스파르타의 메세니아 정복과 착취는 훗날 기원전 4세기 테바이와의 레욱트라 전투에서 스파르타가 패배할 때까지 300~400년이나 지속되었다.

도시국가의 특징

도시국가는 시민들로 구성되는데 이 '시민'이라는 개념은 동양의 '백성'과는 다른 것이다. 동양사회(중국, 이집트, 메소포타미아 등)의 백성은 조직적인 국가권력에 종속되어 국가사회의 규제를 받는다. 이는 관개수리와 집약적인 농업 등을 위한 집단노동력의 필요 때문이었고, 조직적 수세(收稅)제도의 발달을 가져왔다.

그러나 시민사회에서는 시민들의 모임에서 중요한 일을 결정하기 때문에 동방의 강력한 왕권 같은 것은 보기 어렵다. 또한 조직적인 수세제도 같은 것이 발달되지 않아서 국가의 재정이란 개념도 희박했기 때문에, 국가권력이 약한 대신 시민의 자유와 재산권 같은 것이 시민법의 중심을 이루게 되었다. 이 때의 재산권은 오늘날의 사유(私有)의 개념보다는 씨족 혹은 가문이 공동으로 소유하는 재산에 관한 것이 많았는데, 특히 토지나 그에 따른 농기구 등에서 그러했다.

폴리스는 자유시민들의 국가이다. 물론 폴리스에도 왕이 있는 경우가 많았지만 이 왕은 시민들로부터 세금을 거둘 수 있는 권한이 없었다. 왕은 다른 여유 있는 시민과 마찬가지로 국가에 무급으로 봉사하였으며, 그 대신 봉사를 많이 하는 사람들은 시민들로부터 귀족으로서의 명예를 얻었다. 이때의 귀족은 동방의 전제왕권 하의 귀족처럼 농민들 위에 군림하여 수세하는 봉건 혹은 관료귀족과는 성격이 다르다.

자유시민의 국가에서는 권력이 왕에 의해서가 아니라 시민의 민회에 의해서 행사되었고, 시민은 원칙적으로 사안에 따라서 필요한 기금을 갹출할 뿐이었기 때문에 과거의 전제국가나 오늘날 중앙집권적 국민국가와 같이 조직적인 수세제도는 발달되지 않았다. 이들의 눈에 왕에게 꼬박꼬박 세금을 바치는 동방의 농민은 왕의 노예처럼 보였을 것이다.

폴리스, 즉 도시국가는 오늘날의 도시나 국가의 개념과는 다르다. 우선 폴리스에는 전문직 공무원, 경찰, 군대 등이 없었고 필요에 따라 시민들이 공무, 재판, 국방 등 국가의 온갖 사무를 맡아보았다. 대개의 경우 그에 대한 보수도 국가에서 지급하는 것이 아니었으므로 시민 자신의 경제적 능력이 뒷받침되어야 했고, 경제적·시간적 여유가 없는 사람들은 자연히 완전한 시민권을 가질 수가 없었다. 즉, 국가에 대한 시민의 의무는 권리와 불가분의 관계에 있었다.

폴리스의 하부조직은 부족, 씨족 등 의제적(擬制的) 혈연조직으로 구성되어 있다. 부족도 폴리스와 같은 정도의 행정·사법 등의 기능을 갖추고 있었는데, 이것은 오늘날 미국의 연방정부와 주정부의 관계와 유사한 것으로 보아도 크게 틀림이 없다. 상대적으로 대규모인 폴리스는 작은 단위로 분열될 수 있는 소지를 언제나 갖고 있었으며, 거꾸로 그들 간 어느 정도의 통합도 필요에 따라 가능하였다. 폴리스의 중심과 각 지역 간, 또 지역들 자체 사이에서도 세력의 분포도는 경우에 따라 달랐다.

그리스의 폴리스는 물론 그 하부조직도 훗날에 비해 상대적으로 공동체적 성격이 더 강하였다. 빈·부나 시민·예속민 등 사회신분의 분화도 훗날 로마제국처럼 심화되지는 않았다.

도시의 많은 시민들이 상공민이 아니라 농민(혹은 지주)이었다는 점에서 폴리스는 오늘날의 도시와도 다르다. 말하자면 고대도시는 농촌의 연장으로 경제적 생산이 아니라 정치활동 및 소비·문화의 중심이라 할 수 있다. 그리스의 고전적 문화는 바로 이들 자유시민이 중심이 되어 발달한 것이다.

폴리스의 정치체제 : 과두정과 민주정

폴리스에서는 참주가 지배하는 곳도 있었지만 대개는 과두정(oligarchia)과 민주정(demokratia) 사이의 갈등이 끊임없이 연출되었다. 과두정은 말 그대로 '소수에 의한 정치'를 뜻하나, 민주정의 의미는 그보다 더 다양하다. 특히 '민중(demos)'이라는 말을 이해할 때는 주의가 필요한데, 이때의 '민중'은 반드시 부유하거나 권력을 가진 특권층에 반대되는 서민을 뜻하는 것이 아니라 양자를 두루 포괄하는 폴리스 전체의 사람들로 이해될 때가 있기 때문이다. 더구나 과두정·민주정은 단순하게 소수·다수라는 수 차이만을 의미하는 것이 아니기 때문에 '과두정은 소수에 의한 것, 그리고 민주정은 다수에 의한 것'이라고 하는 논리는 너무 단순하다. 소수에 의한 정치도 다수를 위한 것일 때는 민주정이라고 할 수 있기 때문이다. 이들 개념은 권력을 행사하는 사람의 형식적인 수만을 의미하는 것이 아니라 다른 뜻도 함께 품고 있다. 몇몇 예외를 제외한다면, 폴리스의 소수 권력은 대개 폴리스의 정권 자체의 약화 및 분권성을 띠지만, 다수의 권력은 중앙권력의 강화를 지향한다.

아리스토텔레스[1]에 따르면, 정치체제는 왕정, 귀족정, 폴리테이아(politeia)의 셋으로 구분된다. 그리고 각각의 정치체제가 타락할 때 왕정은 참주정으로, 귀족정은 과두정으로, 폴리테이아는 민주정(demokratia)으로 된다고 하였다. 그런 다음 그는 여러 가지 민주정의 종류를 열거했다. 우선 아르콘(장관)의 권력을 바탕으로 하는 민주정이 세 가지가 있고[2] 그 외에도 두 가지가 더 있는데, 하나는 법이 아니라 민중의 결정이 중심이 되는 것이고 다른 하나는 최선의 사람들(beltistoi)이 권력을 잡고 있는 민주정이다.

아르콘에 기반한 민주정에 해당하는 세 가지는 ①첫째, 관리들은 재산기준에 의해 뽑히는데 그 재산기준은 낮다. 일정한 재산을 가진 사람이 관직에 종사할 자격이 있고 재산이 없는 사람은 자격이 없는 것이다. ②둘째, 모든 세대주(anypeuth-ynos)가 관직에 종사하며 (사람들은) 법에 따라 통치된다. ③셋째, 시민이라면 누구나 관직에 종사하며 (사람들은) 법에 따라 통치된다는 것이다.

또 다른 종류의 민주정으로 ④민중이 세력을 가지고 있는 것과 ⑤최선의 사람들(beltistoi)이 권력을 잡고 있는 민주정이 있다. 전자에 대해 아리스토텔레스는 다음과 같이 적고 있다

민중이 중심이 되며 법이 중심이 아니다. 이러한 민주정은 법이 아니라 투표에 의해 결정되는 조령(條令 psiphisma)이 중심이 될 때 발생한다. 이러한 상태는 민중 선동가(dema-gogos)에 의해 야기된다.[3]

이런 민주정은 흔히 민회가 중심이 되므로 '최선의 사람들

이 권력을 잡고 있는 민주정'⁴⁾과 대조적이다. '최선의 사람들이 권력을 잡고 있는 민주정에서는 민회 제도가 필수적인 것이 아니기 때문이다.

이렇게 아리스토텔레스는 민주정의 종류를 한편으로는 아르콘들의 집권, 다른 한편으로는 민중의 권력 행사라는 점에서 달리 설정하고 있다. 그러나 과두정에 대해서는 오직 아르콘들의 권력에 관해서만 논하고 민회에 대한 언급은 없는데, 그 내용은 다음과 같다.

과두정의 종류 중 한 가지는, 관직이 재산 기준에 의하므로 다수인 빈자들은 참여하지 못하고 재산을 가진 사람들만이 정치에 참여하는 것이다. 다른 종류는 관직이 재산 기준에 의해 충당되고 관리들이 선거를 통하여 그 결원을 충당하는 것이다.(만일 이들이 자격을 가진 전체 시민 가운데서 선출한다면 이것은 오히려 귀족정적인 것이며 제한된 어떤 범위내에서 선출한다면 과두정적인 것으로 보인다.) 또 다른 종류의 과두정은 자식이 아버지를 계승하는 것이다. 네 번째는 이러한 전통적 세습제도가 존재하고 또 법이 아니라 아르콘들이 지배하는 경우이다. 이러한 형태의 과두정은 일인정(monarchia) 가운데서의 참주정과, 민주정의 종류 가운데 마지막의 것(즉 법이 아니고 조령과 민중선동가가 중심이 되는 것)과 같은 상태의 것으로, 이러한 과두정은 '디나스테이아(dynasteia)'라고 불린다.⁵⁾

이상에서 언급한 내용에 따르면, 민주정에서는 보다 넓은 사회계층 출신의 아르콘들이 세력을 가지거나 민회의 민중이 영향력을 행사하곤 한다. 그러나 과두정에서는 재산자격에 의해 선출되는 아르콘들이 집권하며 빈한한 계층은 참가하지 않는다.

이렇게 아리스토텔레스에 따르면 민회의 민중이 아니라 관리들이 집권한다 해도 민주정이 된다.[6] 따라서 정치체제를 구분하는 데 있어서는 누가 권력을 행사하는가만 중요한 것이 아니다. 아르콘들이 어떤 계층에서 유래하는가, 그들이 누구의 이익을 위하여 정치를 하는가 하는 점도 중요하다. 아르콘들이 광범한 사회 계층에서 나오고 민중의 공익을 위해 통치하면 민주정이고, 권력을 가진 소수의 아르콘들은 과두파로 간주되지 않는다. 이때 민중은 수동적인 참정권만을 가지게 된다. 특히, 아리스토텔레스에 의하면 민회가 존재하며 어느 정도의 권한이라도 가지고 있으면 그 정치체제는 과두정으로 간주될 수 없다. 이렇게 소수 아르콘의 집권은 과두정뿐 아니라 민주정에서도 가능하다.[7] 이와 대조적인 과두정의 특징은 아르콘들이 상류의 제한된 사회계층 출신이라는 점이다.

그런데 아리스토텔레스에 의한 과두파나 과두정의 개념이 상류의 사회경제적 계층과 관련되고 있으나, 민중과 민주정의 개념은 반드시 하류의 사회경제적 계층에만 관련되는 것은 아니다. 민중은 상·하류계층을 모두 포함하는 것으로 나타나는데, 아리스토텔레스는 민중이 아니라 최선의 사람들이 집권하는 경우도 민주정이라고 본다. 물론 하층민이 주도하는 또 다른 형태의 민주정이 있지만,[8] 이것이 민주정의 유일한 형태는 아닌 것이다. 더구나 아리스토텔레스는 민중이 다양한 사회·경제적 계층을 포함하고 있으며 재산이 없어 정치에 종사할 여가가 없는 빈민은 민중 중의 한 부분에 불과한 것으로 묘사하고 있는데,[9] 이는 곧 민중 중에는 정치에 종사할 수 있는 여가를 가진 유산자(kektemenoi)도 포함된다는 뜻이다. 즉, 아리스토텔레스에 의한 '민중'의 개념은 빈자의 집단만이 아니라 상류와 하류의 사회경제적 집단을 포함하는 전체 자유인 사회를 의미한다.

또 아리스토텔레스는 또 민주정의 개념을 다음과 같이 정의한다.

민주정을, 지금 일부 사람들이 생각하고 있는 것처럼, 단순히 민중이 주권을 잡고 있는 것이라고 규정해서는 안 되고(왜냐하면 과두 정치정체 혹은 다른 어떤 데서도 다수가 주권을 장악하기도 하므로), 또한 과두정부를 소수가 정체의 주도권을 잡고 있는 것으로 규정해서도 안 된다. 왜냐하면 전체가 1,300명이고 이 중 1,000명은 부자일 때, 나머지 300명의 빈곤한 자들이 자유인이고 다른 면에서 부유한 자들과 유사한데도 관직에 종사할 수 있는 권한을 부여받을 수 없다면, 아무도 이들이 민주적으로 통치되고 있다고 말할 수 없을 것이기 때문이다. 이와 유사하게 빈곤한 자들이 소수이며, 다수의 부자들보다 더 강력한 권한을 장악한다면 아무도 과두정이라 규정할 수 없으며, 또한 다른 부유한 자들이 관직에 참여하지 않는다면 이 또한 과두정이라고 규정할 수 없다. 그러므로 차라리 자유인이 권력을 장악하고 있으면 민주정이고, 부자가 권력을 장악할 때는 과두정이라고 말하여야만 할 것이다.[10]

첫 번째 종류의 민주정은 주로 동등성이라는 점에 입각하는 것이다. 이러한 종류의 민주정의 법에서 동등성은 빈자나 부자 중의 어느 쪽도 더 우월하지 않고 어느 쪽도 주권을 전횡하지 않는, 양편이 평등한 상태를 의미한다. 자유는 민주정에서 주로 존재하고, 일부 사람들이 생각하고 있는 것처럼 동등성도 민주정에서 존재하며, 따라서 모두가 정치체제 내에서 고르게 잘 참가한다면 최선의 상태가 될 것이기 때문이다.[11]

민주정과 과두정의 차이점은 또 국가 권력의 강도에 있어서도 나타난다. 민중의 이익을 도모한다는 사실은, 그것이 아르콘들에 의해서건 민회에 의해서건 간에, 도시국가의 정치적 권력을 강화하는 경향을 띠게 된다는 것이다. 반대로 과두파들은 흔히 그들 개개인의 특권이나 이익을 옹호하기 위하여 도시국가의 권력을 회피하는 경향을 가지게 된다.[12] 민중이 주도권을 잡게 되면 사회·경제적으로 구성된 불평등을 시정하기 위해 국가의 권력을 이용하려는 경향이 강화되곤 한다. 반면 부유한 소수의 집권은 기득권의 옹호로 이어지게 되므로 구태여 권력 자체를 이용·강화할 필요가 없게 되는 것이다.

아테네 정치사

폴리스 국가들 중 정치사가 가장 상세하게 알려진 것은 아테네이다. 하지만 위에서 살펴본 아리스토텔레스의 정치이론을 실제 아테네 역사와 관련시켜 본다면 약간의 차이가 나타난다. 아리스토텔레스는 비시민 혹은 예속노동자 등 사회의 열등 계층과 달리 시민이 갖는 기득권과 그에 기반한 불평등한 사회질서를 옹호하였다. 그는 법을 무시하고 민회의 결정이 중심이 되는 민주정을 극도로 싫어하였다. 그러나 실제 아테네의 역사는 일정 노선의 형해화(形骸化)한 이론이 아니라 몸부림치는 삶의 현장으로서, 바로 그 같은 사회적 불평등에 대한 도전과 그것을 시정하려고 하는 여러 가지 사건으로 구성되어 있다.

아리스토텔레스의 저작으로 전해지는 『아테네 정치제도
사』[13)]에는 그 대강이 기록되어 있는데, 아테네 정치사는 다음
과 같이 요약기술되어 있다.

첫 번째 민중의 지도자는 솔론, 두 번째는 가문 좋고 고
명한 페이시스트라토스였다. 그 다음에는 클레이스테네스였
는데 경쟁자였던 이사고라스가 제거된 다음에는 적수가 없
었다. 그 후 민중의 지도자로 크산티포스, 고귀한 사람들의
지도자로는 밀티아데스가 있었다. 그 후 테미스토클레스와
아리스테이데스가 있었고, 그 다음에는 민중의 지도자로 에
피알테스, 부귀한 사람들의 지도자로 밀티아데스의 아들 키
몬이 있었다. 그 다음에는 민중의 지도자로 페리클레스, 부
귀한 사람들의 지도자로 키몬의 친척인 투키디데스가 있었
다. 페리클레스가 죽고 난 다음 시켈리아에서 죽게 되는 니
키아스가 고귀한 사람들의 지도자, 키몬이 민중의 지도자가
되었는데, 클레온은 과격함에 의해 가장 민중을 타락시킨
자로 생각되었다.[14)]

여기에는 솔론 이후 아테네에서 활동한 정치가들이 차례로
기술되어 있는데, 고귀한 사람들의 지도자와 민중의 지도자가
구분되어 있다. 이와 관련하여 아테네 정치사의 성격에 대해
다양한 견해가 나타났는데, 그중 하나는 전통적으로 민중의
정치적 세력이 점차 늘면서 민중과 과두파 간의 갈등이 있었

던 것이라는 견해이다. 민중세력 확장의 계기에 대해서는 의견이 구구하다. 기원전 594년 솔론의 개혁 때 이미 민중과 소수 권력층 사이의 갈등이 있었다고 보기도 하고, 민중의 세력에 기반하여 참주가 된 페이시스트라토스, 클레이스테네스의 개혁, 페르시아 전쟁 이후의 에피알테스의 개혁 등을 그 계기로 보기도 한다.

다른 한편으로 20세기 후반에 이르러서는 새로운 견해가 대두되었다. 아테네의 정치갈등은 사상이나 정책에 의한 것이 아니라 혈연이나 친구 등 개인적 유대에 의해 결속된 소집단에 의한 것으로,[15] 같은 상류층 간의 경쟁으로 인하여 한 편이 민중의 세력을 끌어들임으로써 결과적으로 민중세력의 확장을 가져오게 되었다는 것이다.

이와 같이 아테네 민주정의 발달은 사회계층 간의 대립인가 아니면 상류층 간 이해관계의 갈등에 기인하는 것인가와 관련해서 상이한 견해가 있어 왔다. 사실 솔론 시대에는 아직 민중의 정치적 세력이나 민회의 역할이 후기처럼 발달되지는 못하였다. 그러나 민중의 세력이 정치적으로 조직·표현되지 못했다든가 혹은 정치가들이 주로 상류층 출신으로 구성되었다[16]는 사실이 반드시 정치적 투쟁이 사적 이익 때문이었음을 의미하는 것은 아니다. 그 사람들 중에서도 사리에 집착하는 부유한 과두파들과 전체 민중의 이익을 대변하는 사람들이 다를 수 있기 때문이다. 전체 사회로서의 '민중'을 위해 통치하고 특권계급 중심이 아니라는 점에서[17] 솔론의 복합적 정치체제나 이전의 군주정까지도 민주적인 것으로 묘사될 수 있다[18]. 여기서는 사료에 전하는 솔론 시대의 과두파와 민중 간 갈등도 반드시 상이한 두 계층 출신 정치가들 간 대립으로 연결시키지 않아도 된다. 오히려 소수 특권 계층과, 다른 편의 민중이 뜻하는 바인 '전체 사회' 사이의 이해관계 대립으로 규정할 수 있겠다.

여기서 필자는 아테네 민주정의 발달과정은 빈부 간 사회·경제적 갈등뿐 아니라 다른 성격의 갈등도 함께 고려해야 포괄적으로 이해될 수 있다고 생각한다.

첫째는 국가의 기능 및 중앙 권력 강화에 수반되는 것으로, 그 권력이 소수가 아니라 되도록 많은 사람에 의해 행사되도록 하는 것이었고, 그 구체적 방법으로는 크게 두 가지를 들 수 있다. 하나는 소수 관리나 의원들에 의해 중앙권력이 행사될 때 지역적 이해관계에 따라 그 수를 안배하는 것으로, 이것은 한정된 지역의 사람들이 불균등하게 특권을 행사하는 것을 방지하려는 것이었다. 다른 하나는 다수의 민회를 통해 권력을 행사하는 것으로, 이것은 인맥이나 혈연 등으로 연결된 소수 집단에 의한 영향력을 최소화할 수 있었다.

둘째는, 중앙의 권력 및 기능이 강화될수록 관리나 민중재판소의 배심원 등을 추첨으로 뽑는 것으로, 이것도 기득권자의 혈연·인맥 등이 인선(人選)에 영향을 미치지 않도록 하는 데 아주 효과적인 방법이었다.

아테네 민주정은 국가의 권력과 기능이 강화되는 순간부터 그 권력이 불평등하게 행사되지 않도록 재빨리 이와 같은 조처를 취하였다. 인간이면 하나 예외 없이 누구나 빠지기 쉬운 '제 팔 안으로 굽기', '제편 들기'에 대비하여 제도적 장치를 마련한 것이었다.

아테네인들은 너무 영악해서 인간을 신임하지 않았다. 부자는 물론이지만 학식 있는 인간이나 도덕적인 인간이라 해도 남을 위해 희생하기보다 쉬 자신의 이익을 우선한다는 것을 그들은 잘 알고 있었다. 만일 그렇지 않은 인간이 있다면 그것은 인간이 아니라 아마 예수같이 신의 대열에 올라서야 할 것이다. 또 애써 인연에 휩쓸리지 않으려 해도, 중요 사안에 대한 결정권을 가지고 있는 사람이 지인(知人) 중에 있다면 그에게 가지는 기대감이 그런 상황을 부채질하기도 한다. 뻔히 누가 결정하는 줄 알고 있는데 객관적 잣대를 들이댄답시고 친척이나 친구를 외면했다 하면 그만 인간 꼴이 같잖게 되어버리고 원한을 사게 되기도 한다. 반대로 결정권을 가진 사람이 주변 사람들에게 자신의 영향력을 과시하고 또 제 잘난 것으로 착각하기도 한다. 한편, 그 혜택을 본 사람은 고맙기도 하고 또 훗날도 생각하여 '고양이 앞에 쥐'같이 되기 십상이다. 공권력을 가지고 사적인 시혜-수혜 관계가 형성되어 한 쪽에서는 빼기고 다른 쪽에서는 쥐같이 되니 양쪽 모두 팔푼이 같다.

그런데 어느 정도의 자격자 가운데서 추첨으로 관직을 뽑거나 재판을 하는 데 있어 재판관을 무작위로, 그것도 '로비'가 미리 들어가지 않도록 당일 재판정 앞에서 추첨으로 선정하는 방식이라면 그와 같은 인간적 유대에 의한 부작용 및 기회의 불평등을 최소화하는 길이 될 것이다. 행운의 여신이 어느 쪽을 보고 미소를 지을지 모르는 상황이 되면 독선이 줄게 된다. 힘이 있어 잘났다고 뻐기는 사람도, 연줄을 찾아 잔머리를 굴리는 사람도 적어질 것이다. 그런 사회에서 사람들은 모두 다 같이 한편으로 겸손해지고 또 한편으론 당당해질 수 있다.

아테네의 정부기관

아테네의 하부조직은 부족이었으며 원래 의제적(擬制的) 혈연의 4개 부족이 있었으나 훗날 클레이스테네스 개혁(기원전 508년)에 의해 지연적 10개 부족으로 개편된다. 각 부족에는 부족장이 있었고 국가에 준하는 기능의 정치조직을 갖추고 있었다. 오늘날에 비겨 말한다면 지방자치가 잘 되어 있었던 셈이다.

중앙의 의회로는 전통의 보수적 아레오파고스 의회, 드라콘(기원전 7세기 말) 혹은 솔론에 의해 만들어진 것으로 전해지는 400인 의회, 혹은 클레이스테네스(기원전 508년) 개혁에 의한 500인 의회가 있었다. 400인 의회는 4부족 각각으로부터 100명씩, 500인 의회는 클레이스테네스 개혁에 의한 지연적 10부족에서 각각 50명씩으로 구성되었다.

중앙에는 최고관리로 9명의 아르콘, 1명의 서기를 합하여 10명의 아르콘이 있었다. 솔론 이전에는 아레오파고스 의회가 중요한 국사를 의논하는 동시에 아르콘 등의 관리를 임명하였지만, 솔론 때에 이르러서는 그 선출방법을 바꾸어 4개의 부족 각각에서 10명의 후보를 내고 그 가운데서 9명의 아르콘을 추첨으로 뽑도록 했던 것이다. 반면, 클레이스테네스 때부터는 새로 편성된 10개 부족에서 10명의 아르콘과 10명의 스트라테고스(장군) 등이 나왔다. 특히 새 부족의 아르콘들은 훗날 페르시아 전쟁 중인 기원전 487년부터 추첨으로 선출된다. 기원전 4세기 중엽 아리스토텔레스 당시에는 10개 각 부족당 10명씩을 추첨으로 뽑아 후보를 내고 그 중에서 또다시 추첨하는 방식으로 9명의 아르콘을 선출하였고,[19] 그 외에도 많은 다른 관리들을 부족별로 수를 안배하여 뽑았다.

아르콘들은 임기 1년에 연임이 금지되었고, 원하는 사람에게 순서가 다 돌아가기 전에는 중임이 금지되었다. 다만 군사 작전을 수행하는 스트라테고스는 유능한 인재이어야 하므로 연임·중임이 무제한 가능하였으며 추첨이 아니라 선출되었다.

민회는 예부터 있었으나 그 기능 및 다른 기관과의 상대적 비중이 시대마다 다르다. 민회의 기능이 가장 컸던 것은 기원전 5세기 후반 페리클레스 때였다. 중요한 사안은 6,000명의 찬성표가 필요하였는데, 이런 적지 않은 수는 당시의 수준에서 아무리 조직적인 정당이라 하더라도 소수의 정치가들이 판세를 좌우하기 어렵게 하였다.

재판소의 배심원은 사건의 비중에 따라 201, 301, 501, 1,001 등으로 그 수가 달랐다. 배심원의 선출여부는 물론 각 배심원에 대한 사건배정은 재판 당일 재판소 앞에서 추첨으로 행해졌으므로 어느 배심원이 어떤 사건을 재판하게 되는지 미리 알 수가 없었다. 이와 같은 추첨제는 이른바 '로비'로 인한 부작용을 최소화시킬 수 있었다.

아테네의 민주정은 빈부 사이의 사회·경제적 불평등 해소뿐 아니라 중앙권력의 행사에 지역적 안배원칙을 실천하였고, 추첨제를 통하여 정치권력이나 재판권의 행사에서 혈연이나 지연 등 인맥에 의한 연고주의를 줄이려는 데서 그 중요한 특징을 찾을 수 있다.

솔론의 개혁

솔론의 개혁은 빈부 간의 갈등으로 야기된 사회불안을 치유하기 위한 것이었다. 당시 예속농민 '헥테모로이(1/6세 농민)'는 생산물의 1/6(약 17% 이율)을 납부하는 과중한 부담을 지고 있었다. 신체를 담보로 돈을 빌렸다가 채무를 갚지 못하여 예속된 사람이나 해외로 팔려간 사람들도 많았다. 그래서 빈자들의 불만뿐 아니라 군역을 질 시민의 수도 감소하여 사회적 문제와 불안을 야기하였다.

내란의 위기에 직면하자 사람들은 솔론에게 사태수습의 전권을 위임하였고 기원전 594년 비상대권을 위임받은 솔론은 개혁을 단행하였다. 솔론은 빈자와 부자의 요구 어느 한편에 편승하지 않고 양편의 화해와 공익을 위한 노선을 취하였으므로, 양편 모두의 적의를 샀다고 한다.

솔론은 먼저 그때까지의 부채를 말소하고 그 후로는 인신을 담보로 돈을 빌리지 못하도록 하였다. 그리고 저당잡힌 토지에서 저당석을 없앰으로써 토지를 부채의 속박으로부터 해방하였다. 그러나 빈자들이 원하는 대로 과격한 평등 토지분배는 하지 않음으로써 빈자와 부자의 욕심을 적절하게 조절하였다. 솔론이 남긴 것으로 전해지는 다음 시에서 그의 공평한 처사를 엿볼 수 있다.[20]

　　가슴 속에 있는 극단의 마음을 억제하시오. 당신들은 많은 재물을 신물나게 향유하였소. 중용을 중히 여기시오. 우리들도 극단은 인정하지 않을 것이고, 당신들에게도 그런 것은 도움이 안될 것이오. (중략) (나는) 민중에게 충분한 은혜를 베풀었소. 명예를 줄이지도 않았고 과도하게 주지도 않았소. 힘이 있고 돈이 있는 사람들도 아무런 불이익을 당하지 않도록 하였소. 나는 양편 모두를 위해 강한 방패를 들고 서서 어느 편도 부당한 승리를 거두지 않도록 하였소. (중략) 민중은 이렇게 지도자를 따를 때 최선의 상태가 된다오. 너무 자유로워도 안 되고 너무 억압받아도 안 되오. 정신이 온전하지 못한 사람에게 부가 많이 생길 때는 충족이 자만을 낳는 것이오.

솔론은 토지분배의 과격한 개혁까지 원하는 사람들에 대해 다음과 같이 경계하였다.

탐욕스런 사람들은 지나친 욕망을 갖는다. 저마다 많은 부를 얻기를 원한다. 나의 말은 부드러우나 단호한 정신을 담고 있다. 그들은 허영에 떠 있다가 지금은 내게 화를 내며 모두가 나를 적같이 곱지 않은 시선으로 노려본다. (중략) 나는 참주와 같이 무엇을 힘으로 구하는 것을 좋아하지 않고, 또 조상의 비옥한 땅에서 비열한 사람과 고귀한 사람이 같은 몫을 가지는 것도 좋아하지 않는다.

또 채무를 삭감하고 예속된 사람을 해방한 것(세이사크테이아)에 대해서도 말한다.

나는 땅에 박혀 있는 많은 저당석을 없애버렸다. 전에는 예속되었던 땅이 이제는 자유가 되었다. 팔려간 많은 사람들을 신이 세운 조국 아테네로 데려왔다. 어떤 이는 부당하게 어떤 이는 당연하게, 빚에 쪼들려 어쩔 수 없이 고향을 떠나 아티카 언어를 쓰지 않는 곳으로 가서 여기저기 방황한 사람들, 또한 이 땅에서도 비루한 노역에 처하여 주인의 눈치를 보며 불안에 떠는 사람들을 자유인으로 만들었다. 이 같은 일을 힘과 정의를 함께 하여 약속한 대로 이루었다. 비천한 사람이나 덕 있는 사람이나 똑같이 개개인의 경우에 맞추어서 입법하였다. 내가 아닌 다른 심보가 고약하고 탐욕스런 사람이 했더라면 민중을 통제하지 못했을 것이다.

내가 만일 양편 가운데 한 편만을 위했더라면 다시 다른 편이 반대편을 비난하면서 도시(국가)는 많은 사람들로부터 외면을 당했을 것이다. 나는 많은 개들에 둘러싸인 늑대같이 사방으로 싸움을 하는 것과 같다.

이렇게 채무로 예속된 사람들을 자유롭게 한 것은 국방을 짊어진 시민수의 확보와 무관하지 않다. 솔론은 많은 시민병을 확보함으로써 도시국가의 대외적 안보는 물론 대내의 사회적 평등도 달성하는 2중의 효과를 노렸다. 이와 같은 솔론 개혁의 취지는 그 후에 이어지는 페이시스트라토스 참주정과는 여러 면에서 차이가 있다. 페이시스트라토스는 빈자 대중의 인기에 영합하여 특권층의 기득권에 도전하였을 뿐 아니라 힘의 기반을 사재(私財)로 고용한 용병에 의지하는 바가 컸다.

솔론의 개혁 가운데 무엇보다 중요한 것은 국가의 부담을 지우는 데 비례평등의 원칙을 도입한 것이었다. 소득에 따라서 주민을 4등급으로 나누고 각 등급마다 국가의 의무부담을 달리 정하였다. 위로 세 개 등급(500 메딤노이·기사·제우기타이)은 9명의 아르콘(장관)·재정관·경매인·11인(경찰)·보수지급관 등의 관직이고, 이들은 재산 능력에 따라 (당시에는 무급) 봉사한다. 제4계층(테테스)은 민회와 재판정에 참석하였다. 이 원칙은 훗날까지 남아 아테네 민주정의 주요원리가 되었다. 아테네에서는 국가의 행사나 전쟁을 치를 때에는 그 경비를 부자들에게 부담시켰다. 그 가장 대표적인 예로 '재산 바꾸기 소송'을 들 수 있다.

기원전 5세기 페르시아 전쟁을 계기로 하여 에게 해에 델로스 동맹이 형성된 후에는 해전이 증가하였는데, 전선(戰船)의 제조나 유지의 경비를 부자들에게 부담하게 하는 것이 '재산바꾸기 소송'이다. 이것은 이와 같은 부담을 떠안은 선주(trierarchos)의 경우에 자주 일어났는데, 제2차 아테네 해상동맹(기원전 378년)에 대한 아테네의 지배권이 다시 이완되고 도시국가 간에 전쟁이 만성화되는 기원전 4세기에 특히 많았다.

국가는 필요한 전선에 비례하여 선주를 지명하고 매해 다른 사람으로 교체하였다. 선주에 지명된 부자들은 적지 않은 경비를 사재(私財)에서 지출해야 했으므로 전쟁 자체를 기피하려는 경향까지 있었다. 많은 돈을 써야 하는 전쟁을 계속하기보다 차라리 항복해버리는 편이 낫다고 생각하는 것이다.

전쟁에 대해 한 집단 내 빈부 사이에 이견이 노정되는 예는 다른 곳에서도 볼 수 있다. 마치 19세기에 프러시아·프랑스 간 전쟁(1870년)에서 프랑스가 프러시아에 항복했을 때, 빈한한 노동자 계층은 '파리 코뮌'을 형성하여 그 조속한 항복에 반발·저항한 것과 같다. 노동자들은 자신의 재산을 보전하기 위한 유산시민들의 이기심이 컸던 탓에 프랑스가 프러시아에 재빨리 항복한 것이라 여긴 것이다.

아테네에서 한 번 선주로 지명된 사람이 그 부담을 피할 수 있는 방법은 딱 하나 있었다. 그것은 주변에 자기보다 더 부유한 사람을 찾아내어 자신의 부담을 전가하는 것이었다. 이렇게 엉뚱하게 '발굴'된 사람이 고분고분 그 부담을 넘겨받는 일은 흔하지 않았기 때문에, 양자 간에는 자연히 소송이 일게 된다. 재산이라는 것이 값을 측정하기 어려운 토지일 경우나, 또 여러 형태의 재산권이 있어 객관적으로 판단하기 어려울 때는 마침내 '재산 바꾸기'의 방법을 택하도록 한다. 이것은 '발굴'된 사람이 그대로 부담을 위임받는 것과, 그것이 억울하다고 판단되면 자기 재산과 상대편의 재산을 맞바꾼 후 국가의 부담을 떠안는 것 중 양자택일하는 것이다.

이 '재산 바꾸기 소송'은 국가사회에서 필요로 하는 경비를 능력이 있는 사람들에게 부담시키는 민주적인 원칙에서 비롯한다. 혜택을 받는 사람이 아니라 능력자가 부담하는 이런 원칙은 이미 솔론에 의해 그 초석이 마련된 것이었다.

솔론은 다수 민중의 참정권을 확대하였는데, 먼저 과거 상류층들로 구성된 아레오파고스 의회 혹은 관리가 가지고 있던 재판권을 민중재판소(heliaia)로 많이 넘겼다. 또 아레오파고스 의회가 뽑던 관리의 선출방법을 바꾸어 9명의 아르콘을 추첨으로 뽑도록 하였다. 4개 부족 각각이 10명씩 후보를 내고 그 가운데서 9명의 아르콘을 추첨으로 뽑는 것이다. 장관을 추첨으로 뽑는 것은 국가권력이 소수의 특정인들을 중심으로 행사되지 못하도록 하는 데 기여하였다. 아테네인들은 국가의 기능이 강화되는 순간에 인맥·혈연 등 인간적 유대에 의해 권력이 농단되지 못하도록 하는 장치를 함께 고안해냈던 것이다. 아테네인들은 동양인들보다 인간 개인에게 신뢰성을 적게 두며 소집단에 의한 자의적인 전횡이 일어나지 못하도록 제도적인 조처를 강구하였다.

페이시스트라토스 참주정

　빈·부 계층 모두의 미움을 받는 공평한 개혁을 한 다음 솔론은 외국으로 떠났다. 그가 떠난 다음에도 도시 안은 여전히 시끄러웠으나 4년 동안 평화를 유지하였다. 그러나 솔론이 떠난 지 5년 후(기원전 589년경)에는 내분으로 아르콘을 뽑지 못하였고, 다시 5년째(기원전 585년경)가 되는 해에는 무정부상태가 되었다. 또 기원전 581년에는 다마시아스가 아르콘으로 뽑혀 2년 2개월을 지배하다가 강제로 쫓겨났다. 내란이 일자 사람들은 아르콘 10명을 뽑되, 에우파트리다이에서 5명, 농부에서 3명, 수공업자에서 2명으로 구성하였다. 그래서 이들이 다마시아스를 이어 1년 동안 통치하였다.[21] 분명한 것은, 이때 아르콘이라는 관직은 큰 힘을 가지고 있었다는 것이다. 언제나 아르콘이 되려고 분쟁이 일어났던 것으로 보이기 때문이다.

　아르콘들은 제각각의 입장에만 따랐기 때문에 불화가 잦았다. 일부는 채무말소를 트집 잡았다. 그 때문에 가난해졌기 때문이다. 또 어떤 이들은 너무 변화가 컸으므로, 또 다른 사람들은 서로의 경쟁심 때문에 정치체제에 대해 불만을 토로했다. 파당은 셋이었다. 첫째가 해안당으로 알크메온의 아들 메가클레스가 이끌었고, 중용의 정치체제를 추구하였다. 둘째는 평지당으로 과두파가 중심이고 리쿠르고스가 앞장을 섰다. 셋째가 산지당으로 페이시스트라토스가 이끌었고 가장 민주적인 것으로 생각되었다. 빚에서 풀려난 사람들은 가난 때문에, 또 '출생이 순수하지 못한(즉 시민 혈통이 아닌)' 사람들은 그로 인한 염려 때문에 산지당에 합세하였다. 훗날 참주정권이 타도된 후 자격 없는 사람들이 참정권을 가지고 있었으므로 (시민)명부를 수정하기도 하였다. 이 3개당은 농지가 있는 지역 명에서 각각 이름을 딴 것이다.

페이시스트라토스는 아테네의 권력을 장악하는 데 외국인 용병을 고용하였고 집권 후 국내에서도 '각목소지자'라는 특수 호위대를 만들어 신변을 보호하였다. 용병 고용에 들어가는 경비는 판가이오스에서 금·은광을 개발하여 마련한 돈 등으로 충당하였다. 또 생산물에 대해서 1/10의 세금을 일정하게 거두어들였다. 이것은 사안이 있을 때마다 경비를 직접 부담하는 그리스 시민사회의 특징에 맞지 않는 것이었다. 반면 가난한 농민들에게는 면세의 혜택을 주기도 하였다. 이렇게 페이시스트라토스의 참주정기에는 과거에 없던 용병제와 수세제도가 생겼다. 이 같은 것은 시민들, 특히 부유한 상류층의 분노를 샀다.

기원전 560년경에 대두하여 두 번의 추방기를 지난 후 546년 확실하게 권좌에 오른 페이시스트라토스는 기원전 527년경 죽고 그의 두 아들, 히피아스와 히파르코스가 뒤를 이었다.

514년 아리스토게이톤과 하르모디오스 두 사람이 주동이 되어 히파르코스를 살해한 후 이루어진 히피아스에 의한 참주정은 강압적 독재정으로 선회하였다. 마침내 참주에 의해 쫓겨난 망명객 클레이스테네스가 스파르타 군대의 협조를 얻어 아테네로 들어와 히피아스를 축출하였다. 그런데 훗날 아테네에서는 클레이스테네스보다 아리스토게이톤과 하르모디오스를 참주정 타도의 가장 위대한 공로자로 기념하였다. 페이시스트라토스의 참주정에 대한 항거는 기득권을 침해받은 상류층이 중심이 되었으나 넓게 보면 용병과 조직적 납세제도에 대한 자유시민들의 반항이라고도 할 수 있다.

클레이스테네스와 이사고라스

참주 타도 후 이른바 아테네의 온건 민주정을 확립한 것이 클레이스테네스였다. 온건이라 함은 훗날 페르시아 전쟁 이후 페리클레스의 급진민주정과 대조적이라는 뜻이다.

참주가 타도되자 참주의 친구인 테이산드로스의 아들 이사고라스와 알크메오니다이 가문의 클레이스테네스가 서로 대립하였다. 클레이스테네스는 당 조직면에서 열등했기 때문에 민중을 내세워 정부를 대중의 손에 넘겼다. 이사고라스는 열세에 몰리자 다시 자신의 친구였던 스파르타의 클레오메네스를 불러들여 알크메오니다이 가문에 얽힌 신의 저주를 거론하도록 사주하였다. 당시 알크메오니다이는 신의 저주를 받은

가문으로 생각되었기 때문이다.22)

　클레이스테네스는 은밀히 도피하였고 클레오메네스는 소수의 군대를 거느리고 와서 반대 측 아테네인 700가구를 추방하였다. 이와 함께 의회를 해체하고 이사고라스와 그 친구 300명에게 도시의 주도권을 넘기려 하였다. 의회가 이에 저항하고 민중이 결집하자 클레오메네스와 이사고라스 측 사람들은 아크로폴리스로 피신하였다. 민중은 이틀 동안 그 곳을 포위했다가, 사흘 만에 클레오메네스와 그 일당을 풀어주는 한편 클레이스테네스와 망명객들을 돌아오게 하였다. 민중이 주도권을 장악하자 클레이스테네스는 앞장서서 민중의 지도자가 되었다.

클레이스테네스의 부족개편과 민주정(데모크라티아)

　도시의 하부조직으로는 흔히 필레(부족), 데모스 등이 알려져 있으며, 우리에게 잘 알려진 것은 클레이스테네스의 10부족개편에 의한 것이다. 그는 기원전 6세기 말 아티카지역을 새로운 10부족으로 개편하고 그 아래 데모스를 창설하고 데마르코스(우두머리)를 두었다.

　그런데 부족의 경우는 전통의 4부족 대신 10개의 부족을 만들었다는 것을 인정하지만 데모스의 경우에는 클레이스테네스가 처음으로 그 같은 것을 만든 것으로 간주하기도 한다. 그러나 클레이스테네스의 개혁 이전에도 데모스는 존재하였다. 만일 클레이스테네스 개혁 이전부터 데모스가 있었다면 클레이스테네스 자신에 의해 만들어진 데모스와 그 수장은 무엇일까? 필자는 그가 데모스 제도를 처음으로 창설한 것이 아니라 데모스의 크기나 지역을 재개편하였다고 생각한다. 이는 부족의 경우와 마찬가지이다. 게다가 데모스란 말 자체는 클레이스테네스의 개혁이 있었던 아테네뿐 아니라 지역을 가리키는 보편적인 표현으로 다른 곳에서도 쓰였다.

클레이스테네스의 부족개편에 대해 아리스토텔레스(『아테네 정치제도사』 XXI)가 전하는 말을 요약하면 다음과 같다.

참주타도 후 4년째인 이사고라스 아르콘(기원전 508년) 때 클레이스테네스는 기존의 4부족을 10부족으로 개편하였다. 동시에 많은 사람이 참정권을 갖도록 하고 종족을 구분하지 않도록 혼합하려 하였다. 그는 부족을 12개로 나누지 않았다. 그것은 그전의 4개 부족에 12개 트리티스(1/3區)가 있었는데, 혹 여기에 준하여 민중이 서로 섞이지 않을까 하는 우려 때문이었다.(또 400인 대신 500인 의회를 만들었다. 10개 각 부족에서 50명씩으로 하였는데, 그전에는 4개 각 부족 100명씩이었다.)

시골(chora)도 데모스별로 30개로 나누어 10개는 도시 주변, 10개는 해변, 또 10개는 내지에 두었다. 그는 이것을 트리티스라 부르고 추첨으로 3개의 각 지역에서 1개의 트리티스씩 내어 부족당 3개의 트리티스를 할당함으로써 각 부족이 모든 지역을 포함하도록 하였다. 그리고 각각의 데모스에 사는 사람들을 서로 동료(데모테스)로 만들었다. 그리고 아버지 이름을 대는 사람이 그런 것을 대지 못하는 새 시민들과 차이나지 않도록 하기 위해, 공적으로 데모스 이름을 사용하도록 하였다. 그래서 아테네인들도 서로 데모스 이름을 썼다. 그리고 데마르코스 제도를 만들어 그전에 나우크라로스가 한 일을 맡게 하였다. 나우크라리아 대신 데모스를 만들었기 때문이다. 데모스의 명칭으로는 지역명을 쓰는 것도 있으나 모두가 같은 장소에 있는 것이 아니었으므로 창설자 이름을 딴 것도 있다.

그리고 가문·프라트리아·제사공동체는 각각 전통을 지키도록 허락하였다. 반면 부족은 예비명단에 오른 100명의 영웅들 가운데서 (델포이의) 피티아가 뽑은 10개를 부족의 명칭으로 삼았다.

여기서 몇 가지 정보를 얻을 수 있다. 우선, 데모스는 반드시 한 지역으로 이루어진 것이 아니라는 사실이다. 모든 데모스가 같은 지역에 있는 것이 아니었고, 데모스의 명칭을 지역명뿐 아니라 창설자 이름에서도 따왔다고 되어 있기 때문이다. 부족의 경우도 한 지역이 아니라 도시주변, 해변, 내지 등 3지역으로부터 하나씩 내어 모두 3개 트리티스가 하나의 부족을 구성하게 하였으니 지역의 통일성도 없었다고 하겠다. 이 같은 혼합은 시민권자의 범위를 넓히고 전통적 조직의 영향으로 불이익을 받는 사람을 없애기 위한 것이다.

그런데 이보다 중요한 것은 폴리스의 핵인 도시와 그 외 지역(chora) 간에 보이는 조직의 차이이다. 10개의 부족은 모든 아티카를 포함하지만, 그 기본적인 골격은 도시의 핵을 중심으로 한다는 점이다. 그 핵을 중심으로 하고 그 외 도시주변, 해변, 내지의 외곽지역이 거기에 첨부됨으로써 각 부족이 전체 나라지역을 포괄하게 된다. 만일 외곽의 일부가 떨어져 나가도 도시의 핵을 중심으로 하는 10부족 제도는 건재할 수 있다. 이는 훗날 로마의 35부족이 로마 주변의 원래 지역에다 멀리 있는 이탈리아의 다른 지역까지 더하여 확대개편된 예와 비교해볼 수 있겠다.

지역을 가리키는 말로 '부족'이나 '데모스' 이외에 '코메'라는 말도 쓰였다. 기원전 4세기의 이소크라테스(VII, 46)에 따르면, 아테네인의 조상들은 폴리스를 코메로 나누고 그 외 '전원의 땅(chora)'을 데모스로 나누었다고 한다. 이 말을 클레이스테네스의 개혁을 뜻하는 것으로 보기도 하지만, 어느 시대인지는 확실하지 않다. 중요한 것은 폴리스와 그 밖의 '전원의 땅'이 구분되어 있었다는 점이다. 폴리스는 그 외의 지역도 포함하는 넓은 개념으로 쓰이기도 하지만, 중심의 핵을 다른 수식어 없이 그냥 폴리스라고 말할 수도 있음을 알 수 있다.

여기서 특히 "전원(chora)도 데모스별로 30개로 나누어 열 개는 도시 주변에, 열 개는 해변에, 또 열 개는 내지로 하였다"라는 문구에 나오는 '도시주변'이 도시 내 지역을 포함하는 것인가 하는 문제를 생각해 볼 수 있다. 화이트헤드[23]는 '전원'이란 말에 도시지역이란 말도 덧붙이는 것이 좋다고 생각하였다. 그러나 도시의 핵 내부의 부족을 구성하는 지역(데모스 혹은 코메)은 별도로 하고 그 외 전원지역을 30개의 데모스로 나누었다면 그런 말은 덧붙일 수가 없게 된다.

헤로도토스(V, lxix, 2)에 따르면 클레이스테네스는 종래의 4부족 대신 10개의 부족을 만들고 각 부족당 10개의 데모스를 할당하였다고 전한다. 여기에는 트리티스에 관한 언급이 없다.

부솔트는 아테네 부족제도의 변화와 관련하여 다음과 같은 견해를 적고 있다.[24]

클레이스테네스는 옛부터의 10개 데모스를 새로운 10개의 영역적 부족으로 만들었다. (중략) 경우에 따라 고립된 지역을 어떤 다른 지역으로 편입하기도 하여 아티카의 정치적 구역은 독일의 튀링엔처럼 복잡하였다. (중략) 30개 트리티스는 페리클레스 시대와 그 직후에 함대선원을 위한 지역적 징병구였고, 또 그 후에는 선원분반과 부족연대의 단위로서 후대에 만들어진 것이다.

이 같은 부솔트의 견해는 트리티스를 만든 것이 클레이스테네스라고 하는 『아테네 국제』의 내용과는 다르다. 그런데 부솔트의 견해에서 중요한 것은 원래 10개의 데모스가 10개의 새로운 영역의 부족으로 발전하였다고 보는 점이다.

이와 같이 헤로도토스와 부솔트의 말은 서로 어긋나는 것처럼 보인다. 그러나 만일 데모스란 용어를 어떤 고정된 지역이라기보다 어떤 기준이나 규모의 다소를 막론하고 연관성 있는 한 지역을 지칭하는 용어로 본다면 양자의 말은 모순 없이 이해될 수 있다. 한 부족이 10개의 데모스를 포함했다는 헤로도토스의 말에서는 데모스가 작은 지역구를 지칭하는 것인 반면, 10개의 데모스가 10개의 부족으로 만들어졌다는 부솔트의 말에서는 데모스가 큰 규모의 것을 의미하는 것으로 파악할 수 있다.

이렇게 클레이스테네스의 10부족은 아티카 전역을 포괄하지만, 그 핵은 아테네 도시지역인 것으로 생각할 수 있다. 10부족이 있기 이전 원래의 4부족도 초기에는 아테네 도시를 중심으로 하였던 것으로 보인다. 『아테네 정치제도사』(XLI, 2)에서는 아테네에서 처음으로 이온과 그 일당에 의해 집주(synoikismos)가 이루어지는 것, 그리고 처음으로 4부족과 부족장이 생긴 사실을 적고 있다. 그 후 테세우스 때 정부(politeia)의 조직이 생겼으며 이는 왕정과 약간 다른 것이라 하였다. 테세우스가 등장하기 전에 만들어진 4부족은 아테네의 영역이 훗날 솔론이나 페이시스트라토스 이후처럼 확대되기 전이었으므로, 아티카 전역이 아니라 아테네 도시를 중심으로 하여 외곽으로 크게 확대되지 않은 것으로 간주할 수 있기 때문이다.

사실 아테네 도시 부근의 트리티스(1/3區)는 도시 근교에 있으므로 도시의 핵 내부까지 포함하여 하나의 트리티스로 기능했을 가능성이 없지 않다. 그러나 경우에 따라서는 도시 내부와 외부가 분명하게 구분되기도 하는데, 그 한 예가 30인 참주정 타도시기의 페이라이에우스이다. 페이라이에우스는 아테네의 도시지역이 아니라 독립된 데모스이므로 '주변'의 데모스에 들어간다고 말해야 한다. 페이라이에우스가 '도시' 지역과 분명히 구분된다는 것은 같은 책의 30인 참주 타도시의 상황에 관한 서술에서 볼 수 있다. 펠로폰네소스 패전 이후에는 아테네 도시의 주도권이 30인 참주의 손으로 넘어간다. 이 때 페이라이에우스에서는 그에 대항하는 민주파들이 집결하여 아테네 도시(asty)로 공격해 들어갔다.[25] 마침내 도시가 민주파의 손에 떨어졌을 때 참주정 관련자들은 엘레우시스로 이주해 갈 수 있도록 쌍방간에 협약이 맺어졌다. 또 시장관리인, 도량형감독관, 식량보관인 등을 각각 10명씩 뽑아서 5명은 페이라이에우스에, 나머지 5명은 '도시'에 배치한다는 언급[26]에서도 페이라이에우스가 '도시'와 구분되었음을 알 수 있다.

도편추방제도(오스트라키스모스)

일설에 클레이스테네스가 만든 것으로 전해지는 도편추방제는 마음에 들지 않는 정치가를 10년 동안 추방하는 제도이다. 해마다 민회에서는 먼저 도편추방 투표를 할 것인지를 결정한다. 만일 이 제도를 시행할 것으로 결정되면 정해진 날 지정된 장소에서 싫어하는 정치가의 이름을 적은 사금파리 조각을 던지고, 거기에서 6,000표 이상 얻은 정치가를 추방했다.

그런데 시대 상황에 따라 추방되는 정치가의 성향에 차이가 있음을 볼 수 있다. 예를 들어 초기에 추방된 히피아스나 테미스토클레스 등은 흔히 참주와 관련되거나 적극적으로 대외전쟁을 추구하고자 하는 사람들이었다. 그러나 민중의 세력이 증가하는 후반으로 들어오면서 복지부동하려는 보수적 정치가가 주로 표적이 되었다.

한편, 도편추방제는 정적을 추방하는 제도 가운데서 가장 인간적인 것으로 평가된다. 권력을 둘러싼 투쟁은 흔히 피바람을 일으키지만 아테네인들은 정적을 한동안 추방하는 것으로 마무리하며 추방된 사람은 자신의 재산권 등을 그대로 보유한다. 실제로 기원전 5세기 중엽 키몬은 10년간의 추방기간이 지난 후 귀국하여 다시 권력을 잡았다.

페르시아 전쟁

페르시아 전쟁은 기원전 490년(마라톤 육전)과 480년(테르모필레 전투·살라미스 해전 [기원전 479년 소아시아의 미칼레 전투])에 일어났다. 사실은 그전 492년에도 페르시아 군대가 바다를 건너왔으나 에게 해 서북부 해안을 돌다가 폭풍을 만나 되돌아간 적이 있었다.

소아시아 이오니아의 그리스인들은 소아시아에 진출한 페르시아 왕의 수세·강압에 저항하였고, 밀레토스의 참주 아리스타고라스는 그리스 본토에 도움을 요청하였다. 자급자족의 스파르타는 원조를 거부하였으나 흑해지역과 상거래하던 아테네는 페르시아의 동부 지중해 진출에 난색을 표하고 원조에 동조하였다. 기원전 497년에는 아테네를 중심으로 하는 일단의 그리스 군인들이 소아시아로 진격하였으나 얼마 가지 못하고 패주하였고, 페르시아 왕은 이 사태를 괘씸하게 생각한 끝에 마침내 그리스 원정을 결심하기에 이르렀다.

기원전 490년 아테네가 자리한 아티카 반도의 북동쪽 해안인 마라톤에서 아테네를 주축으로 한 소수 그리스 중무장보병과 기병이 주축이 된 다수 페르시아가 접전하였다. 군사 수는 비교할 수 없을 정도로 페르시아가 우세하였으나 밀티아데스 장군의 지휘하에 아테네는 승리하였다. 승전보를 전하려고 마라톤에서 아테네로 한숨에 달려온 병사 페이디피데스는 소식을 전하고 그 자리에서 심장마비로 죽었고, 이것을 기려서 그가 달린 약 42km가 마라톤 경기로 명명되며 올림픽 경기종목에 추가되었다.

기원전 480년에 페르시아가 육해군을 동원하여 다시 쳐들어 왔을 때의 전투로는 3곳이 유명하다. 그리스 중부의 테르모필레, 아테네 남부해안 살라미스, 그리고 소아시아 연안의 미칼레 해전이 그것이다. 테르모필레에는 그리스 각 도시국가로부터 7,000명의 군대가 모였다. 그러나 정작 페르시아군과 접전했을 때에는 많은 수가 도주하였고, 끝까지 버틴 것은 레오니다스왕 휘하의 스파르타인 300명과 그리스 중부

테스피아이인 700명이었다. 살라미스 해전은 본토와 살라미스 섬 사이의 해협에서 벌어진 전투인데, 아테네 테미스토클레스 장군의 계략으로, 막강했던 페르시아 해군을 살라미스 해협으로 유인하여 타격을 줌으로써 퇴각하게 하였다. 그리스인들은 도주한 페르시아 해군을 쫓아 그 이듬해 미칼레까지 진출하였다.

양차 페르시아 전쟁 사이인 483년에는 아테네의 마로네이아에서 광맥이 발견되어 광산으로부터 100탈란톤[27]의 수입이 도시로 들어왔다. 그 당시 일부 사람들이 그 은을 민중에게 빌려주자고 제안했을 때 테미스토클레스는 이를 막음과 동시에, 돈을 그렇게 쓰지 말고 부유한 아테네인 100명에게 각각 1탈란톤씩을 빌려주자고 제의하였다. 그리고 만일 그들이 받은 돈을 도시를 위해 유용하게 쓰면 도시가 쓴 것으로 치고, 그렇지 않으면 그들로부터 돈을 회수하자는 것이었다. 그런 다음 테미스토클레스는 그 100인을 설득하여 어차피 사용(私用)하면 환금해야 할 테니 그 돈으로 각기 1척씩 삼단노선 100척을 만들도록 종용했다. 그렇게 만들어진 배를 그는 살미스 해전에서 사용했다.

이런 과정을 거치는 가운데 민주정은 서서히 발달하였고, 페르시아 전쟁 이후 다시 아레오파고스 의회가 득세하여 도시를 지배하였다. 그들이 살라미스 해전에 일조했기 때문이었다. 장군들이 목전의 사태에 당황하여 각자가 알아서 자신을 보호하라고 선포하였으나 아레오파고스 의회는 1인당 8드라크메씩 지급하면서 전선을 무장시켰다. 이 때문에 아테네인들은 이 의회를 신임하여 권한을 위임하였으며, 그 통치는 원만히 이루어졌다. 그런데 시간이 흐를수록 아테네인들이 군무에 통달하고 그리스 사람들 사이에서 명성을 얻어 바다의 지배권을 잡게 되자 라케다이몬 사람들은 이들을 두려워하게 되었다.

한편, 페르시아 전쟁의 두 영웅인 밀티아데스와 테미스토클레스의 뒷이야기는 흥미롭다. 밀티아데스는 마라톤 전승의 이듬해(기원전 489년) 아테네 민회에 나타나 이유를 불문하고 전선과 해병을 요구하였고, 아테네인들은 구국의 영웅인 그의 청을 들어주었다. 밀티아데스는 전선을 거느리고 에게 해의 한 섬 파로스로 가서 엄청난 배상금을 요구하였다. 사실 파로스 등 에게 해의 많은 섬들은 페르시아가 쳐들어 왔을 때 그들에게 항복하였다. 그러나 페르시아가 물러간 후에 아테네인들이 내세운 주장은, 그들이 목숨을 걸고 싸워서 수호한 자유를 파로스인들이 누리고 있으므로 마땅히 아테네인들에게 배상금을 내놓아야 한다는 것이었다. 이에 파로스는 저항하였고 그들과 싸운 결과 밀티아데스는 패배하였다. 결국 아테네 민회는 국가에 손해를 입힌 그에게 50탈란톤을 배상하도록 하였지만, 그는 그것을 다 갚지 못하고 전투에서 얻은 상처가 도져서 죽었다. 훗날 그의 아들이자 페리클레스의 정적이며 유명한 정치가인 키몬은 아버지의 빚을 다 갚게 된다. 그는 누이 엘피니케를 칼리아스라는 부자에게 출가시켰는데, 일설에는 칼리아스가 키몬의 아버지가 국가에 진 벌금을 갚아주겠다고 했기 때문이라고 한다.

살라미스 해전의 영웅 테미스토클레스의 운명도 크게 다르지 않다. 그는 페르시아가 물러간 후에도 군사적 패권주의를 추구하다가 다수 아테네인들의 반대에 부딪쳐 도편추방을 당하게 된다(기원전 471년). 그는 처음에 펠로폰네소스의 아르고스로 피신하였으나, 암살의 위협을 피해 소아시아 페르시아 총독 휘하로 들어가게 되고 마침내 페르시아 왕을 만났다. 그는 자신을 배신한 아테네인들을 욕하고 지난 날 살라미스에서 자신이 왕에게 입힌 손해에 대해 사과하고는 왕에게 봉사할 것을 맹세하였다. 페르시아 왕은 너무 기뻐서 자다가 세 번이나 벌떡 일어나 "나는 아테네의 테미스토클레스를 얻었다!"라고 고함을 쳤다고 한다. 아테네의 키몬이 이집트 원정을 시작하자 왕은 테미스토클레스를 그리스인에 대항할 전쟁의 사령관으로 임명하였다. 그러나 개전 전날 테미스토클레스는 평소에 준비해놓았던 독약을 먹고 자살하였고, 그 이유는 알 수가 없다. 훗날 기원후 2세기 플루타르코스는 그 이야기를 전하면서 아마도 그가 조국과 대적하여 싸우고 싶지는 않았을 것이라 추측하였다.

페르시아 전쟁의 영웅 밀티아데스와 테미스토클레스의 비참한 최후는 한때의 영웅도 실수를 하게 되면 가차 없이 처벌해버리는 아테네인들의 심성을 보게 한다. 우리네 끈끈한 온정주의와는 사뭇 다르다.

델로스 동맹

살라미스 해전이 있은 지 2년 후인 기원전 478/7년, 에게 해 주변의 여러 도시국가는 언제 다시 있을지 모르는 페르시아의 침공에 대비하여 공동기금으로 해군을 창설하였다. 그 중심지는 예부터 아폴론을 기리는 근린 종교동맹의 중심지였으며, 아테네 동남쪽 키클라데스 제도로 둘러싸인 델로스 섬이었다. 페르시아 전쟁 승리의 주역인 아테네가 맹주가 된 이 동맹은 성원들 간의 영원한 평등을 원칙으로 성립되었다. 동맹국들은 델로스 앞바다에서 무거운 쇳덩어리를 바다에 가라앉히며 그것이 바다 위로 떠오를 때까지 상호 평등할 것을 맹세하였다. 동맹국들은 직접 수병을 채운 전선을 내거나 그것이 번거로울 때는 기금으로 대체할 수 있었고, 처음 거두어들인 기금은 460탈란톤에 달하였다.

그런데 30년이 채 지나지 않은 기원전 454년, 델로스 섬에 있던 동맹의 금고는 아테네로 옮겨져 아테네의 목소리가 커졌고 449년, 페르시아 왕이었던 안탈키다스와 '왕의 평화' 조약을 맺어 페르시아의 위협이 일단 수그러든 후에 동맹세는 오히려 600탈란톤으로 늘었다. 그리고 아테네와 스파르타가 중심이 되어 싸운 그리스 내란 펠로폰네소스 전쟁기의 동맹세는 1,000탈란톤에 달하였다.

델로스 동맹은 아테네의 해상제국으로 변모하였다. 먼저 아테네는 동맹국의 무장을 해제하였다. 전선을 직접 내어도 되었던 것을 이제는 공세로 통일하여 내도록 하였다. 다만 소아시아에 가까운 세 개의 큰 섬, 즉 남쪽으로부터 사모스, 레스보스, 키오스는 그대로 전선을 제공하고 무장을 보유하였다. 또 동맹국에 아테네의 관리를 파견하여 감독하였고, 중요한 사안의 재판은 아테네에서 하도록 한 후 재판세를 징수하였으며, 도량형도 아테네의 것으로 통일하도록 하였다. 아테네 도시국가를 수호하는 지혜·방어의 여신 아테나를 기리는 판(凡)아테나이 제전이 동맹 전체의 제전으로 승격한 것은 상징적이다.

훗날 기원전 427년 펠로폰네소스 전쟁 중에 레스보스 섬의한 도시국가 미틸레네는 아테네의 전횡에 맞서 델로스 동맹탈퇴를 시도하였으나 실패하였다. 주동자 200여 명이 아테네로 끌려와 처형되었을 뿐 아니라 아테네 민회에서는 그 주변인들까지 다 처형하기로 결정하였다. 그러나 이튿날 열린 비상민회에서 다시 그 결정을 번복하여 살려주기로 하였다. 두번째 민회의 결정을 전하는 배가 쾌속으로 달려 먼저 닿는 바람에 그들은 가까스로 목숨을 구할 수가 있었다. 민회의 경망한 결정이 보여준 중우정치의 한 예를 여기서 볼 수 있다.

에게 해 남단의 멜로스 섬에는 아테네 측의 이오니아인이아니라 스파르타의 도리에이스인들이 살았는데, 이들은 미틸레네의 항거를 도왔으므로 아테네의 미움을 샀다. 기원전 416년, 아테네는 멜로스로 와서 델로스 동맹에 가입하여 공세를바칠 것을 요구하였지만 멜로스는 아테네의 요구를 무시하고항거하다가 완전히 섬으로부터 소거당하였다. 멜로스가 포위된 채 아테네와 협상을 벌일 때 양자 간에 오고간 다음의 대화[28]는 투기디데스가 전하는 것으로 아테네 측 힘의 논리를 적나라하게 보여준다.

아테네 : "우리는 그럴듯한 핑계 같은 것은 찾으려 하지 않소. 페르시아 사람을 물리쳤으니 마땅히 패권을 가져야 한다든가, 아니면 괘씸한 일이 있어 이렇게 왔다든가 하는 따위 말이오. 그런 말 장황하게 늘어놓아 봐야 쓸데없는 일이오. 마찬가지로 당신네도 쓸데없는 소리 하지 마시오. (중략) 우리는 우리의 패권을 지키기 위해 여기 왔지만, 우리 입장은 당신네 국가의 안전을 위한 것이기도 하다는 점을 분명히 말해 두겠소. (후략)"

멜로스 : "우리가 예속되고 당신네가 지배하는 것이 우리에게 무엇이 좋단 말이오?"

아테네 : "당신네는 더 험한 꼴 보기 전에 굴복하고, 또 우리는 당신네를 파멸시키지 않아서 얻는 것이 있으니 말이오."

멜로스 : "당신네는 우리가 적이 되기보다 조용하게 친구로 있으면서 어느 편도 들지 않고 있는 것이 싫단 말입니까?"

아테네 : "당신네 적의는 우리를 그렇게 크게 해치는 것이 아니오. 종속국들 눈에는 당신네 호의가 우리 허약의 상징이며, 당신네 적의는 우리 권세의 상징이 되니까."

멜로스 : "(전략) 자유로운 우리가 예속되지 않으려고 갖

은 수단방법을 다 동원하지 않는다면 그것이야말로 바로 아주 겁 많고 비열한 일일 것이오."

아테네 : "전혀 그렇지 않소. 잘 생각해보면 이 싸움은 당신네와 비등한 사람들과 이루어지는 것이 아니니 용기와는 무관하고, 또 부끄러워할 필요도 없소이다. 문제는 당신네 안전이오. 더 힘센 자에게는 대들지 말라는 것이니 말이오."

멜로스 : "그러나 우리가 알기로 전쟁의 운은 알 수 없으며 그것이 반드시 군사 수에 따른 것도 아니오. 또 우리가 항복한다면 그것으로 끝이지만, 저항한다면 아직 이길 것이라는 희망이 있소"

아테네 : "위험한 지경에서의 희망은 신화가 주는 위안과도 같소. 그런데 자원이 풍부한 사람은 운이 나빠도 파멸은 하지 않지만, 실낱 같은 것에 모든 것을 거는 사람에게는 희망이 사치일 수밖에 없소. (후략)"

멜로스 : "(전략) 그러나 우리는 신이 내리는 운이 우리에게 불리하다고만 생각하지는 않소. 또 라케다이몬(스파르타) 동맹국이 있어 필요할 때에 도우러 올 것이오. (후략)"

아테네 : "신의 호의로 말할 것 같으면 우리도 불리하다고는 생각지 않소이다. (중략) 우리가 알기로 신과 사람의 일이란 자연의 이치에 따라 힘이 있는 자가 지배하는 것이오. 이런 이치는 우리가 처음 만든 것도 아니고 또 우리가 처음 행하는 것도 아니오. 있어왔던 것을 따르는 것뿐이고 앞으로도 영원히 남아 전해질 것이니 말이오. 라케다이몬 사람들은 (중략) 소득 없이 당신네를 구원하러 오지 않을 거

요. (중략) 안전을 도모하는 것이 이익이며, 정의와 선(kalos)을 좇으려면 위험이 따름을 모르시오? 그런데 라케다이몬 사람들이 제일 싫어하는 것이 위험이란 말이오. (중략) 연합군을 끌어들이는 데 크게 영향을 미치는 것은 구원을 요청하는 사람들의 호의 따위가 아니고 누가 실제로 강한 힘을 가지고 있는가 하는 것이오. 라케다이몬 사람들은 세상 어느 누구보다 그런 데 더 많이 관심을 두고 있소. (중략)

당신네가 더 현명한 방법으로 마음을 바꾸지 않는다면 참 미련한 것이오. 곤욕스럽고 뻔한 위험에 직면한 사람들을 흔히 파멸로 이끄는 그런 수치의 감정에 얽매이지 마시오. 많은 사람들은 위험이 다가오는 것을 알면서도 수치의 감정에 사로잡혀 스스로 돌이킬 수 없는 불행으로 빠질 때까지 끌려가오. 그래서 운이 아니라 자신의 어리석음으로 인해 더 욕된 수치를 더하는 것이오. 당신네는 잘 생각하여 조심하시오. 그리고 최강의 국가가 좋은 말로 권할 때 그에 응하는 것은 수치가 아니니, 우리 동맹국이 되어 영토를 보전하는 대신에 공세만 바치면 되는 것이라오. 전쟁과 평화의 기로에서 어리석은 쪽을 고집하지 마시오. 동등한 자에게는 지기를 거부하는 사람도, 힘센 자에게는 공손하고 또 약한 자에게는 관대한 법이오. 그런 사람이 성공하는 것이오. (후략)"

아테네 사람들이 토론석상에서 물러난 뒤 멜로스 사람들은 기존 노선을 바꾸지 않기로 결정하였다. 마침내 포위망이 좁

혀지고 또 도시 내에서 내통한 자들이 생겨 결국 멜로스는 아테네가 원하는 조건으로 항복하였다. 아테네는 멜로스 남자들을 있는 대로 다 죽이고 아이와 여자들은 노예로 하였다. 그리고 아테네인들이 식민하여 500명이 그곳으로 이주하였다.

아리스테이데스와 테미스토클레스

양차의 페르시아 전쟁이 끝난 후 아테네 정치계의 거장은 아리스테이데스, 그리고 살라미스 해전을 승리로 끌었던 테미스토클레스였다. 페르시아 전쟁 직후에는 페르시아의 재침을 미연에 방지하는 것이 중요한 현안이었으며 소아시아 연안 등지에 잔류하는 적의 함대를 적극적으로 쳐 없애는 것도 한 방법이었다. 그런데 적극적 방어는 전쟁의 비용을 필요로 하였으므로 국내 유지들이나 그리스 동맹국들에게 전비부담을 지우지 않을 수 없었다. 구체적으로 어느 정도가 적정한 것인지에 대해 각기 의견이 달랐는데, 상대적으로 테미스토클레스는 과격했던 것에 비해 아리스테이데스는 더 온건하였다.

『아테네 정치제도사』에서 아리스테이데스와 테미스토클레스는 둘 다 민중의 지도자로 규정되어 있다. 두 사람은 모두 아레오파고스 성원이었고 대외적으로는 페르시아에 대항하는 살라미스 해전에 참여했다는 점도 같다. 그러나 이러한 공통점에도 불구하고 두 사람은 서로 반목하였다.

이들 간의 차이점을 들자면 첫째, 테미스토클레스는 훌륭한 전술가로, 아리스테이데스는 현명하고 공정한 정치가로 이름나 있었으므로 전자에게는 장군직을, 후자에게는 정치적 자문을 구하였다. 그러나 아리스테이데스는 안전하고 올바른 정책을 추구하였으므로 테미스토클레스가 민심을 선동하여 개혁하려는 것을 보고 늘 반대하였다고 한다. 둘째, 아리스테이데스는 델로스 동맹국들로부터 신임을 받아 공세산정을 위탁받을 정도였으나 테미스토클레스는 동맹국들로부터 정액 이외의 자금을 거두고 다녀 말썽을 일으켰다. 셋째, 스파르타에 대한 태도에서 테미스토클레스는 스파르타가 아테네의 성장에 방해가 된다고 생각하는 노골적인 반(反)스파르타주의자였던 반면, 아리스테이데스는 스파르타와 우호를 유지하려 하였다.

아리스테이데스가 스파르타에 반대한 적이 한 번 있었는데, 그것은 급진적 패권주의자였던 파우사니아스가 동맹국들을 괴롭혔을 때였다. 키오스, 레스보스, 사모스 사람들이 아리스테이데스에게로 와서 스파르타와 관계를 끊을 터이니 아리스테이데스가 동맹국의 지도자가 되어줄 것을 종용하였다. 그 후 스파르타는 패권을 추구하던 파우사니아스를 추방하고 다시 옛 관습을 지키는 나라로 되돌아갔고, 비슷한 시기에 아테네에서는 패권을 추구하던 테미스토클레스가 추방되었다. 두 패권주의자는 모두 친페르시아 혐의로 추방된 반면, 아리스테이데스는 스파르타와 우호적 관계를 유지하였다.

에피알테스의 개혁과 아레오파고스 의회의 약화

살라미스 해전의 승리에 기여했던 아레오파고스 의회는 페르시아 전쟁이 끝난 후 그 권위가 한층 더 높아졌다. 그러나 페르시아 전쟁 이후 델로스 동맹의 맹주로 등장한 아테네는 정치적 기능이 강화되었으므로 그전에 한적한 도시국가였을 때보다 더 결정할 일이 많았고, 그러자 입장에 따라 정당 간에 의견의 충돌이 잦아졌다. 성격이 다른 두 개의 의회제도, 즉 보수적인 아레오파고스 의회와, 지역별로 안배된 500인 의회의 존재가 상황을 어렵게 하는 요인이 되었다. 어느 쪽의 결정을 우선으로 해야 하는지에 대한 뚜렷한 기준이 마련되어 있지 않았기 때문이다. 로마로 말하면 기원전 1세기 공화정 말기 원로원과 민회 사이의 불화 같은 것이라고 하겠다. 이렇게 의견이 갈리게 되자 더 다수의 의견을 수렴할 필요가 있었는데, 그 대안이 민회나 민중 재판소였다. 요즈음으로 말하자면 두 개의 정당이 옥신각신할 때 국민 투표로 결정하자고 하는 것과 같은 것이다. 또 헌법재판관 9명의 결정이 좀 편파적이라고 생각이 된다면 무작위 추첨으로 뽑힌 배심원에 의한 민중재판소에서 결정하자고 하는 것과 유사하다.

이와 같은 상황에서 보수적 성향의 아레오파고스의 권위를 축소시키고 지역적으로 안배된 500인 의회(불레), 일정 정치조직의 '로비' 공작이 먹히기 어려운 다수의 민회와 민중재판소의 비중을 늘린 것이 에피알테스였다. 그 자신은 반발로 암살

(기원전 461년경)되었으나 이미 에게 해의 주인공으로 등장한 아테네 정치의 중심(重心)은 돌이킬 수 없이 민중 쪽으로 가닥을 잡았다. 민회 중심의 정치는 페리클레스 이후 개화하였으며, 특히 유능했던 페리클레스 사후에는 많은 시행착오를 거듭하게 된다. 그러나 지역적 안배에 의한 500인 의회, 관리와 배심원의 추첨제, 다수의 민회에 의한 정책 결정 등 아테네인들이 고안했던 정치체제는 특정 이익집단이나 지역의 이해관계를 배제하려 했다는 점에서 민주적이라고 하겠다.

키몬과 페리클레스

키몬(기원전 510~450년경)과 페리클레스(기원전 495~429년경)는 기원전 5세기 중엽 아테네의 정치가들이다. 당시 델로스 동맹군은 페르시아의 위협을 차단하기 위하여 에게 해 북쪽이나 소아시아 연안 등지로 잔여 페르시아군을 추적하고 있었다. 키몬과 페리클레스는 바로 이런 시대배경을 깔고 부상하였으며 바다에서 아테네의 위상을 높이는 데 기여하였다. 양자 모두 훌륭한 장군이었으나 대내외 정책에서 차이가 있다. 정치형태에서 키몬이 전통·보수적이었다면 페리클레스는 민회의 파격적 결정권을 중심으로 한 급진민주정을 지향하였다. 대외적으로도 전자가 동맹국의 상호선린을 중시하였다면 후자는 아테네의 자긍심을 더 중히 여겼다.

양자의 전성기는 시대적으로 약간 차이가 있다. 키몬의 활동기는 페르시아 전쟁 직후, 델로스 동맹이 아직 상호평등에 기반하였던 때였으나 페리클레스의 경우에는 아테네가 탐욕스런 해상제국으로 변모하고 있었던 때로, 그 결정적인 계기는 기원전 454년 델로스에 설치한 동맹국의 금고가 아테네로 옮겨진 것이었다. 대내적으로도 키몬의 전성기는 아직 클레이스테네스의 보수적 민주정이 주류를 이룰 때였으나, 페리클레스 시대로 넘어올수록 민회를 중심으로 한 민중의 세력이 증가하였다.

페리클레스가 정계를 주도한 것은 기원전 445년부터 전염병에 걸려 사망하는 429년까지였다. 그는 이 기간 동안 거의 연달아 15번이나 스트라테고스로 선출되었다. 페리클레스는 기원전 5세기 후반 아테네 급진민주정을 발달시키는 데 일조하였는데, 그는 아테네에서 처음으로 아르콘, 의원, 재판소 배심원 등 공직에 수당제를 도입하였고 관극세도 지급하였다. 민회에 대한 수당제는 그보다 뒤에 클레오폰에 의해 도입되었다. 이와 같은 민주정의 운영경비는 동맹국으로부터 긁어드린 돈이 없었다면 조달하기 어려웠을 것이다. 아테네의 아크로폴리스 언덕, 저 찬란한 인류문화의 유산인 파르테논 신전 건립도 마찬가지였을 것이다. 이런 시대적 배경의 차이는 개인적 취향과 더불어 양자 간 상당히 대조적인 정치이력을 그리게 된다.

키몬은 말년에 페리클레스에 의해 고소당한 적이 있었지만, 그보다는 테미스토클레스나 에피알테스와의 갈등이 더 큰 비중을 가진다. 반면 페리클레스는 키몬의 뒤를 이어 등장한 투키디데스 멜레시우와 대립하였다. 이 투키디데스는 멜레시아스의 아들로 역사가 투키디데스와는 다른 인물인데, 키몬과 페리클레스는 같은 시대에 쌍벽을 이룬 거장이라기보다는 오히려 연이은 두 산봉우리같이 기원전 5세기 전반과 후반을 가름하는 정치가였다고 하겠다.

키몬의 아버지는 파로스 원정에 실패하여 재판을 받고 벌금도 다 못 갚은 채 병으로 죽은 밀티아데스였다. 기질이 고상하고 담백한 키몬은 세련된 아테네인보다는 소박한 펠로폰네소스 사람 같았다. 실제로도 그는 스파르타 사람들의 생활방식을 따르고자 하였고 그들을 칭찬하였다.

또 그는 어느 누구보다 대(對)페르시아 전쟁에 적극적이었다. 테미스토클레스가 살라미스 해전을 치르려 할 때 반대하는 사람들이 있었으나 키몬은 동조하였다. 테미스토클레스는 육지를 버리고 군대와 무기를 전부 배에다 실어 아테네 남쪽 살라미스 해협에서 적을 맞아야 한다고 했던 것이다. 시민들은 그 생각이 너무 대담하고 상상도 못할 일이라 아연실색하였다. 그런데 키몬은 앞장서 방패를 들고 바다로 나갔고, 해전에서 용감하게 싸워 명성을 떨쳤다. 델로스 해상동맹이 맺어진 후에도 그는 동맹군을 끌고 소아시아 연안 등지로 원정하였다.[29] 그는 아테네에서 멀리 떨어진 키프로스 섬에서 전투중에 죽었는데, 병들어 죽었다고 하기도 하고 전투 중에 입은 상처 때문이라고도 한다.

그러나 키몬의 대외정책은 절대로 도를 넘지는 않았다. 살라미스 해전의 영웅 테미스토클레스는 지나친 해상 팽창정책을 추구하려다가 마침내 도편추방을 당하였다. 이것은 당시 키몬이 지지한 온건노선이 우세했다는 말이다. 또 키몬은 성품이 관대하여 적을 끝까지 추격하여 섬멸하거나 완전히 정복하지 않았다. 그가 타소스 반란을 진압했을 때, 유리한 상황에 있었음에도 불구하고 더 진격하여 마케도니아를 공격하지는 않았으므로 혹 마케도니아 왕에게 매수를 당한 것이 아닐까 하는 의심을 샀다. 이 문제로 그는 고소당하여 재판을 받게 되는데 그 고소인 가운데 페리클레스도 끼어 있었다.

세월이 지나면서 동맹국 사람들은 페르시아와의 전쟁에 염증을 느끼고 군사 대신 동맹세금만 지불하려 하였다. 다른 장군들이 이런 동맹국들을 처벌하고 벌금을 물리려 하였으나 키몬은 그대로 내버려두도록 하였다. 대신 거두어들인 돈으로 아테네 군인을 강화하여 아테네는 군사력이 점차 강화되었다. 이는 훗날 알지 못하는 사이에 동맹국들을 아테네에 예속시키는 결과를 가져오게 된다.

키몬은 언제나 라케다이몬(스파르타) 등 그리스 사람들과 우호를 유지하려 했다. 아들의 이름까지도 '라케다이모니오스' '엘레이오스' '테살로스' 등으로 지었다. 그러다 그는 친스파르타적이라는 혐의를 받았고 스파르타를 위해 아테네를 배반하는 사람으로 몰렸다. 스파르타에 지진이 일어나고 이어 예속농민인 헤일로타이가 반란을 일으켰을 때 스파르타는 아테네에 도움을 요청했다. 키몬이 아테네 사람들을 설득하여 스파르타를 도와 출정하였는데(기원전 462년), 스파르타 사람들은 아테네 사람들이 혹 헬로트와 야합할까 두려워하여 그냥 돌려보냈다. 키몬의 군대가 하릴 없이 돌아오자 아테네인들은 스파르타를 옹호하는 사람들을 원수 보듯 하였으며 키몬을 도편추방했다.

그러나 키몬의 친스파르타 노선은 맹목적인 것은 아니었다. 그는 아테네의 지나친 팽창주의를 염려하듯 스파르타 파우사니아스 왕의 패권주의에도 반대하였다. 아테네가 부근 타나그라에서 스파르타군과 전투를 할 때(기원전 457년) 키몬은 추방 중이면서도 백의종군하러 왔다. 아테네 사람들은 혹 그가 전투 중에 반란을 일으키지나 않을까 하여 그를 배제하였다. 결국 그는 참전하지 못하였으나 그와 같이 친스파르타 혐의를 받던 동료들은 용감하게 싸우다가 모두 전사하였다. 그제서야 아테네인들은 키몬을 지나치게 의심한 것을 뉘우쳤다고 한다.

대내 정책에서, 그는 서민을 동정하여 자기 정원이나 농장에 있는 울타리를 헐고 가난한 시민이나 지나가는 이방인들에게 과실을 따먹게 하였다. 그리고 집안에 많은 사람들이 앉을 수 있는 식탁을 마련해 놓고 간소한 음식이지만 누구든 실컷 먹을 수 있도록 하였다. 그러나 페르시아 전쟁 후 테미스토클레스가 민중의 힘을 지나치게 강화하려 한다고 생각했을 때 아리스테이데스와 힘을 합쳐 반대하였다. 또 에피알테스가 아레오파고스 의회를 무시하고 500인 의회, 민회, 민중재판소

등을 강화할 때도 그는 반대하였다.

페리클레스의 아버지는 살라미스 해전 그 이듬해인 기원전 479년 페르시아의 잔당을 쫓아 진출한 소아시아의 미칼레 전투에서 싸웠던 크산티푸스였고, 어머니는 일찍이 참주를 추방했던 클레이스테네스의 손녀 아가리스테였다. 페리클레스는 날 때부터 머리부분이 이상하게 길쭉하였다고 하며, 현재 전하는 그 흉상조각에는 그것을 감추기 위해서인지 언제나 길쭉한 모자를 쓰고 있다. 그는 얼굴이나 모습뿐 아니라 부드러운 음성과 유창한 언변이 지난날의 참주였던 페이시스트라토스를 닮아서 노인들이 경탄하였다고 한다.

페리클레스는 밖으로 대외정책을 적극 추구하면서 안으로는 민중의 세력을 확장하였다. 그는 키몬이 해외정벌을 나가고 없는 사이에 민중을 선동하여 체제의 변화를 도모하였다고 한다. 키몬이 사재(私財)로 사람들에게 선심을 베푸는 것을 보고 그는 민심을 얻을 다른 대책을 궁리해 냈는데, 그것은 공금을 나누어 주는 것이었다. 배심원 수당이나 관극세 등을 지급하는 한편 보수정치의 아성인 아레오파고스 의회의 권위를 공격하였다. 이와 같은 개혁에 앞장을 선 것은 에피알테스였으나 그는 일찍 암살되었다(기원전 461년). 다른 한편, 페리클레스도 지나친 오만은 피하였다. 당시 민중들은 이집트, 페르시아, 심지어는 투스카니, 카르타고까지 정벌하려는 과도한 욕심을 가졌으나 페리클레스는 이를 저지하였다.

키몬과 에피알테스가 사라진 후 페리클레스는 보수파의 주자인 투키디데스 멜레시우와 대립하였다. 투키디데스는 주로 페리클레스가 공금을 쓰는 데 대해 비난했으나 거꾸로 자신이 도편추방당했다(기원전 443년). 그 무렵부터 페리클레스는 스트라테고스를 15번이나 역임하면서 실권을 장악하였다. 역사가 투키디데스는 '말로는 민주정을 논하나 실제로는 군주의 권한을 행사한 것'으로 그를 평한다. 그의 정적인 키몬과 투키디데스 멜레시우는 모두 도편추방을 당하였다.

페리클레스를 둘러싼 가장 큰 문제는 왜 그가 펠로폰네소스 전쟁을 일으켰는가 하는 점이다. 이 전쟁은 그가 스트라테고스로 있던 기원전 431년에 시작되어 404년 아테네의 참담한 패배로 끝을 맺게 된다. 페리클레스는 전쟁 초기인 429년 전염병에 걸려 이미 세상을 떴다. 전쟁의 원인에 대해 다양한 해석이 있으나 그중 한 가지는 그가 개인적 곤경을 피하기 위해 시민의 관심을 바깥으로 돌리려 했다는 것이다. 사실은 잘 알 수 없으나 당시 페리클레스는 많은 정치적 공격에 노출되어 있었고 주변인들도 여기에 얽혀 있었다. 불경죄로 기소된 아낙사고라스, 조각가 페이디아스, 또 그의 아내로 전해지는 이방인 출신의 사교계 여인 아스파시아 등을 들 수 있다.

페이디아스는 파르테논 신전을 설계하고 건축·조각 등을 총감독했던 인물로 페리클레스의 친구였다. 그런데 그 신전의 주인이요 지혜의 여신인 아테나를 위한 금과 상아를 횡령했다는 혐의로 유죄선고를 받았다. 혹은 아테나 여신의 방패에다 자신과 페리클레스의 모습을 살짝 그려 넣음으로써 신성모독

죄에 걸렸다고도 한다. 페이디아스는 사형선고를 받았는데, 독살되었다고도 하고 또 다른 곳으로 몰래 달아났다고도 한다.

아스파시아는 소아시아의 밀레시아 여자로 매우 지적이고 정치수완이 있었으므로 페리클레스뿐 아니라 소크라테스도 그녀의 집에 출입하였다고 한다. 페리클레스는 처음에 한 친척여자와 결혼하였으나 화합하지 못해 별거한 후 아스파시아를 아내로 들여앉히고 각별한 애정을 쏟았다. 페리클레스는 한때 밀레시아를 돕기 위해 사모스와 전투를 벌였는데, 이것이 아스파시아를 위해서였다는 말도 있다. 결국 사모스는 정복했지만 아까운 전사자들이 많았다. 장례를 성대히 치르고 추도연설을 한 페리클레스가 칭찬과 함께 꽃다발을 많이 받았을 때 키몬의 누이 엘피니케가 곁으로 와서 이렇게 말했다고 한다. "정말 대단한 공을 세우셨군요. (중략) 훌륭한 시민을 많이 잃고, 제 오빠처럼 페르시아 사람과 싸운 것이 아니라 동맹국 도시를 파괴했으니까요." 이 말은 동맹국에 대한 키몬과 페리클레스의 태도 차이를 단적으로 보여주는 것이라 하겠다.

아스파시아에 얽힌 또 하나의 이야기가 있다. 페리클레스는 일찍이 시민권법을 제안하여 통과시킨 적이 있었다(기원전 451년). 그것은 부모가 모두 도시민(astoi)이라야 그 자식이 참정권을 얻을 수 있도록 한 것이다. 이것은 이집트 왕이 아테네 시민에게 4만 부셸의 밀을 나누어 주라고 하자 서로 시민의 자격이 있다고 나서는 바람에 소송이 벌어졌을 때 생긴 법이라고 한다. 나중에 전처가 낳은 두 아들이 모두 죽어버리자 페리클레스에게는 아스파시아에게서 난 아들 하나밖에 없었다. 아스파시아가 이방인이었으므로 참정권 없는 그 아들이 적법한 계승자가 되지 못한 것을 한탄해서, 마침내 민중을 설득함으로써 자신이 만든 법률을 없애버리도록 하였다고 전해진다.

펠로폰네소스 전쟁의 도화선은 아테네 북쪽 플라타이아를 둘러싼 아테네와 테베의 각축전이었다. 그러나 더 근본적인 원인으로 해상무역을 둘러싼 아테네와 펠로폰네소스 동맹국들 간의 경쟁도 들 수 있다. 특히 이탈리아와 시켈리아 등 서부로의 무역에 아테네가 진출하여 기선을 제압하고 다른 도시국가의 활동을 제한하려 하였으므로 펠로폰네소스의 코린토스, 메가라 등과 갈등을 빚게 되었다. 스파르타가 아테네의 처사에 항의하고 나섰으나 페리클레스는 조금도 양보하지 않도록 민중을 종용함으로써 마침내 전쟁으로 돌입하였다. 페리클레스가 개인적으로 처한 곤경을 타개하기 위해 민중의 관심을 바깥으로 돌린 것이라는 말도 있으나 전쟁의 원인을 그것뿐이라 단정하기는 어렵다고 하겠다.

투키디데스는 펠로폰네소스 전쟁이 일어나던 해 그리스 서쪽 연안 등지 전투에서의 전사자들을 위한 장례식장에서 페리클레스가 한 추도연설문을 전하고 있다.[30] 여기에는 밖으로 페리클레스가 지향한 호전적 제국주의와 함께 안으로 아테네 시민들의 평등을 원칙으로 한 민주정 원칙이 잘 나타나 있다. 이것은 마치 19세기 말부터 20세기 초에 대영제국이 추구한 사회제국주의와 무관하지 않다고 하겠다.

　우리 조상들은 물려받은 것에다가 수고를 더하여 더 큰
것으로 만들어 지금 우리가 가지고 있는 지배권(arche)을 우
리에게 물려주었기 때문입니다. (중략) 우리가 많은 것을 얻
은 것이, 우리 자신이나 조상들이 이민족이나 그리스인들을
용감하게 물리쳐서 이긴 전쟁 때문이라는 사실은 다 알고
있으므로 더 말하지 않겠습니다. (중략) 우리 정치체제는 이
웃의 것을 모방한 것이 아닙니다. 우리는 다른 사람들을 모
방하기보다 그 모범이 되었습니다. 우리 정부는 민주정이라
불리는데, 그것은 행정이 소수가 아니라 다수의 손에 있기
때문입니다. 그리고 법률에 관련해서도 모든 사람들이 개인
분쟁을 해결하는 데 평등하고, 가치의 평가도 특정 계층이
아니라 개인의 재능에 의합니다. 공직에 임할 능력만 있다
면 가난의 비천함 때문에 방해받는 일은 없습니다. 우리는
공공생활이나 사생활에서 타인의 질시로부터도 자유롭습니
다. 우리는 이웃이 스스로 좋아하는 것을 할 때 그에게 성내
지 않으며, 또 해를 끼치지는 않는다 해도 기분을 상하게 하
는 그런 표정을 짓지도 않습니다. 사생활에서 이렇게 무례
를 삼가는 한편, 공공생활에서는 경외심을 가지고 위법을
삼갑니다. (중략) 또 수고를 정신적으로 덜 수 있는 많은 오
락거리를 마련하고 있습니다. 연중 경기와 희생제를 일정하
게 거행하고, 사적으로는 품위 있는 환경을 만들어 매일 얻
는 기쁨이 슬픔을 없애줍니다. (중략) 전투 훈련에서도 우리

는 적과 다릅니다. (중략) 지금까지 어떤 적도 우리의 뭉친 힘을 대적하지 못하였습니다. 해전에도 단련을 해왔고 육전에서도 많은 원정을 했기 때문입니다. (중략) 우리는 지나침 없이 영광을 추구하고 허약함 없이 지혜를 구합니다. 우리는 부(富)를 자랑을 위해서가 아니라 행동을 위한 기회로 이용합니다. (중략) 우리는 온 바다와 온 땅으로 하여금 우리의 접근을 허용하도록 강제하며, 어디서나 (적에게는) 악과 (친구에게는) 선의 기억을 남깁니다. (중략) 그들(도시의 힘을 키운 사람들)은 실패할 때는 적어도 자신의 용기부족으로 도시가 버림을 받는 일이 없도록 가장 아끼는 제물을 도시를 위해 기꺼이 바칩니다. 그래서 자신의 몸을 바침으로써 불멸의 명성과 가장 명예로운 묘지를 얻습니다.

페리클레스는 대외정책에서 철저하게 적과 친구를 가르는 흑백논리, 전승이 이익과 쾌적한 생활을 가져다 주는 점, 스스로의 땅을 지키려는 적을 쳐들어가는 점, 전사자의 희생은 후손의 안녕을 위한 것이므로 결국 손해가 아니라는 점 등을 역설하고 있다. 반면, 대내적으로는 시민 간의 능력에 따른 기회균등(이것은 공직 등 수당제 도입과 무관하지 않다), 법 앞의 평등, 시민을 위한 공공 오락행사 거행 등을 지향한다. 군사력에 기반한 배타적 제국주의는 로마제국은 물론 오늘날에도 간간이 자행되는 제국주의와 크게 다를 바가 없다고 하겠다.

키몬은 안으로 클레이스테네스의 온건 민주정, 밖으로는 델로스 해상동맹의 평등의 원칙에 충실했다. 그러나 페리클레스는 급변하는 시대의 새로운 가능성과 기회에 더 눈이 밝았던 시대의 총아였다. 민회 민중의 인기에 편승하여 타인의 추종을 불허하는 군주에 유사한 영향력을 구사했고, 이웃 도시국가들의 이익을 외면하면서까지 자국의 이익을 추구하였다.

한편, 두 사람은 공통점도 갖고 있다. 그것은 시대배경, 개인 및 정치적 취향은 달랐으나 둘 다 사리보다는 공익을 위해 혼신을 다하였다는 것이다. 공익의 범주에서 보면 키몬이 페리클레스보다 더 포괄적이었다고 하겠으나 양자 모두 죽을 때까지 조국 아테네의 자긍심과 세력팽창에 일조하였다. 키몬은 키프로스 섬 키티온시를 포위하는 중에 죽었고, 페리클레스는 펠로폰네소스 전쟁 발발 2년 반 만에 스파르타로부터 포위를 당해 사람들이 도시로 많이 몰려들었을 때 전염병으로 죽었다.

과두파혁명 : 411/410년과 404/403년

페리클레스가 죽고 난 다음 민회 중심의 아테네 정치는 펠로폰네소스 전쟁의 와중에서 걷잡을 수 없는 파행을 겪게 되었는데, 이른바 선동정치가의 출현이 그것이다. 그전에는 페리클레스 같이 스트라테고스가 민회를 중심으로 정치적 영향력을 행사하였으나 이제는 변론술이 능한 젊은이들이 정계에 등장하였다. 재치 있는 연설가들이라면 누구나 현명한 논리, 감정적 호소에 의해 영향력을 행사할 수 있었으므로 재능 있는 신진들이 급속하게 정계에 진출하였다. 새로운 형태의 정치는 젊은이의 능력을 이용할 수 있게도 했지만, 실없는 수사와 민중의 경솔한 판단과 변덕에 의해 정치가 농단되기 쉽다는 결점도 지니고 있었다.

그 치명적인 예는 기원전 415~413년 시켈리아 원정의 결정을 둘러싼 일련의 사태에서도 나타난다. 아테네가 곡물수입의 교두보 마련 등 유리한 고지 확보를 위해 시켈리아 원정을 감행하자 스파르타도 그들을 쫓아 시켈리아로 군대를 보내 양편은 시켈리아에서 접전하였는데, 전투는 아테네의 완전한 패배로 끝났다. 대다수가 전사하고 나머지는 노예로 억류되었다가 태반이 죽고 소수가 도주하였다. 이 소식이 아테네로 전해졌을 때 아테네 사람들은 직접 도망친 사람들이 나타나 사실을 증언할 때까지 그것을 믿을 수가 없었다.

시켈리아 원정이 실패하는 등 불리한 전황 속에서 아테네에서는 기원전 411/410년에 과두파 혁명이 일어났다. 411년 6월 말 400인 정부가 섰고 약 석 달여 만에 다시 5,000인 정부로 바뀌었으며 그 이듬해 과두정은 붕괴하고 민주정이 부활하였다. 그로부터 6년 뒤인 기원전 404/403년 펠로폰네소스 전쟁이 아테네의 패배로 끝났을 때, 아테네에는 스파르타의 사주에 의해 이른바 '30인 참주'의 과두정이 수립되었다. 이때 30인 정권은 지난날(기원전 460년경) 아레오파고스 의회의 권한을 제한했던 '에피알테스와 아르케스트라토스의 법이 적힌 기둥'을 아레오파고스로부터 끌어내렸으며 전통의 솔론법이 아닌 것을 검토하여 폐기하였다.

두 차례의 과두파 혁명에 관한 진술에서 중요한 정보를 두어 가지 얻을 수 있다. 아테네인들이 구상한 과두정의 내용이 당시의 민주정과 어떻게 다른가 하는 점, 그리고 국가가 분열되었을 때 페이라이에우스, 엘레우시스 등 각 지역이 어떻게 독립적으로 아테네와 상호협상하게 되는가 하는 점이다.

먼저 기원전 411년 과두정부 수립시에 만들어진 미래의 과두정부에 관한 시안은 다음과 같다.

그 후 정부는 다음과 같이 편성하였다. "세입은 전쟁 이외의 다른 곳에는 쓸 수 없다. 모든 관리는 전쟁기간에 무보수로 일한다. 다만 9명의 아르콘과 대표행정위원은 제외되는데, 이들은 매일 3오볼씩 받는다. 다른 모든 정부일은 전쟁 기간 체력과 재력을 갖춘 아테네인으로 5,000명 이상의 사람들이 맡도록 한다. 이들은 원하는 상대와 조약을 체결할 권한을 갖는다. 각 부족에서 40세 이상으로 10인을 선출하여 이들이 제단 앞에서 선서를 하고 5,000명을 뽑는다." 선출된 사람들은 이렇게 제안하였다. 이것이 비준되자 5,000명은 자체 내에서 정치체제를 입안하게 될 100명을 선출하였다. 이렇게 선출된 사람들은 다음과 같이 초안을 작성하여 제출하였다. 매해 30세 이상의 사람들이 보수 없이 의회(5,000명과 100명이 각각 1/4씩)를 구성한다. (중략) 의원이 의회로부터 결석허가를 얻지 않은 채 지정된 시간에 의회장에 오지 않을 때는 하루에 1드라크메를 내야 했다.

　이상과 같은 정부안은 미래를 위한 것이었으며 당분간을 위해 마련한 안은 다음과 같다. 전통에 따라 400인으로 의회를 구성한다. 이는 각 부족에서 부족사람들이 30세 이상의 사람들로 선출한 예비후보 가운데서 뽑힌 40명씩으로 구성된다. 이들은 관리들을 임명하고 그들이 해야 할 서약을 초안하며, 법과 회계감사, 그리고 이롭다고 생각되면 다른 사안들도 처리한다.[31]

이 과두정부 시안이 당시의 민주정과 다른 특성으로는 참정권자가 5,000인 혹은 400인으로 제한되는 것, 9명의 아르콘과 대표행정위원을 제외한 나머지 공직자는 무보수로 봉사하며 불참할 때는 오히려 벌금을 무는 것 등이다.

　또 다음 예문은 404/403년 30인 집권에 따른 내란 시에 페이라이에우스, 엘레우시스, 아테네가 어떻게 별개의 집단으로 상호 협상에 임하는가 하는 것을 보여준다.

　그 후 필레(아테네의 외항인 페이라이에우스 항구 근방)로부터 나온 추방자들은 무니키아를 점령하고 30인에 협조한 무리들과 싸워서 승리하였다. (아테네) 도시 사람들은 싸움에 지고 돌아온 다음날 광장으로 모여 30인을 해산하고 전쟁을 끝내기 위하여 시민 가운데 10명의 전권소유자를 선출하였다. (중략) 에우클레이데스 아르콘 때[32]에 다음과 같은 조건으로 화해가 이루어졌다. 도시지역에 머물렀던 아테네인들 가운데서 원하는 사람은 엘레우시스로 이주할 수가 있다. 이들은 완전한 권리를 가진 채 스스로 권리와 독립의 주체이며 재산에서 나는 결실을 거둘 수 있다. 신전은 양편 공동의 것이며, 전통에 따라 케리케스와 에우몰피다이 가문이 맡는다. 양편 각각은 제식 때를 제외하고는 엘레우시스에서 도시지역으로 갈 수 없고 또 도시지역에서 엘레우시스로 들어올 수 없다. 엘레우시스인들은 다른 아테네인들과 마찬가지로 수입에서 공동방어를 위해 납세한다. 만일 이주해 나간 사람 가운데 누가 엘레우시스에 집을 마련하려면 소유주와 협상한다. 만일 서로 타협이 안되면 각각 3명의 감정인을 선택하여 이들이 정하는 값을 양쪽이 수용한다. 새로 이주해 들어가는 사람들이 수용하는 엘레우시스 사람은 함께 거주한다. 이주해 나가려 하는 사람들의 등록은 국내에 있는 사람의 경우 서약을 한 지 10일 이내에 등록하고 20일 이내에 이주해 간다. 국외에 있는 사람은 귀국한 날로부터 같은 규정이 적용된다. 도시지역 출신으로 엘레우시스에 정착한 사람은 다시 도시지역에 거주하는 것으로 등록하기 전에는 어떤 관직에도 임하지 못한다. 만일 누가 직접 다른 사람을 죽이거나 상해하면, 전통의 관습에 따라 살인관련 재판이 선다. 30인·10인·11인, 그리고 페이라이에우스에서 관직에 있던 사람들을 제외하고는 돌아온 사람들 중의 누구에 대해서도 좋지 못한 과거의 일을 캐서는 안 된다. 더구나 이들도 회계감사를 받으면 제외대상에서 풀려난다. 페이라이에우스에서 관직을 맡은 사람은 페이라이에우스에 있는 사람들에게, 도시지역에 있었던 사람들은 일정 재산을 가진 사람에게 회계감사를 받는다. 그렇게 하기 싫은 사람은 이주해 나간다. 전쟁을 하면서 빌려간 자금은 양편이 각각 갚는다.

그런 조건으로 화해가 이루어지자 30인 편에 서서 싸운 사람들은 겁을 내었고, 많은 사람들이 이주해 나가려고 생각하였으나 흔히 그런 것처럼 기한 마지막 날까지 등록을 미루었다. 그런 사람수가 많은 것을 보고 이들을 붙들어 두고자 아르키노스가 등록을 위한 나머지 날을 취소해 버림에 따라, 많은 사람들이 안심을 하게 될 때까지 강제로 머물게 되었다. 이 점에서 아르키노스는 조치를 잘 취한 것으로 보인다. 그 후 트라시불로스의 조령을 불법으로 고발한 것도 그러하다. 트라시불로스는 페이라이에우스에서 도시로 들어온 모든 사람에게 시민권을 주자고 제안하였는데, 그들 가운데 일부는 분명히 예속노동자였다. 세 번째로 잘한 것은 어떤 이가 돌아온 사람들에 대해 좋지 못한 과거사를 들추었을 때, 그는 그를 의회로 끌고 가서 '만일 민주정을 구하고 서약을 지키기를 원한다면 지금 그것을 증명할 때'라고 말하면서, 그를 재판 없이 처형하도록 의원들을 설득하였다. 그런 자를 그냥 두면 다른 사람까지 부추길 것이기 때문에, 없애버려야 모든 사람의 귀감이 된다는 것이었다. 사실 그러했다. 그 사람이 죽은 다음부터는 아무도 좋지 않은 일을 들추는 일이 없게 되었다.

한편 아테네인들은 어느 누구보다 과거의 불행에 대처함에 있어 사적이나 공적으로 가장 고귀하고 가장 정치가다웠던 것으로 보인다. 과거의 앙금을 지웠을 뿐만 아니라 30인이 전쟁을 하느라 라케다이몬인들로부터 빌린 돈도 공동으로 갚았다. 비록 조약에서는 도시지역 출신과 페이라이에우스 출신이 각기 별도로 돈을 갚도록 되어 있었지만, 아테네 사람들은 함께 해결하는 것이 화합의 첫걸음이라 생각하였다. 다른 도시의 민주주의자들은 사재를 내놓으려 하지 않고 그 대신 토지재분배를 한 것과는 대조적이다. 한편 엘레우시스로 이주해 나간 지 세번째 해인 크세나이네토스 아르콘 때에 그들과도 화해하였다.[33]

테라메네스

테라메네스는 기원전 5세기 말 두 차례에 걸친 과두파 혁명에서 공히 활동하였다. 그는 411년 400인 정부에 참가하였다가 다시 5,000인으로 정권이 넘어갈 때에 400인을 배반하고 가담하였다. 404년 30인 참주정기에도 테라메네스는 처음 과두정 수립에 동참하였으나 후에 30인의 두목 크리티아스와 불화하여 처형당하였다.

테라메네스에 대해서는 상반된 평가가 전하는데 그것은 다음 두 예문에서 나타난다.

그는 자신에게 명예가 주어졌을 때는 과두정부에 충성하였으나 페이산드로스와 칼리마코스가 그보다 더 우세해지자 그들을 시기하고, 또 민중이 더 이상 그들에게 동조하지 않게 되자 이들을 두려워하여 아리스토크라테스와 행동을 같이 했던 것이오. (중략) 그는 친구 안티폰, 아르켑톨레모스와의 우정을 위하여 당신(민중)들을 배반했고, 또 당신들의 신임을 얻기 위해 자신의 친구를 죽일 만큼 너무나 사악하오.34)

수행원들이 앞으로 나가 테라메네스를 끌어냈을 때 그는 고매한 정신으로 그의 불행을 감수하였다. 그는 소크라테스를 중심으로 한 동료들의 철학에 상당히 익숙해 있었기 때문이었다. 민중들은 테라메네스의 불행을 슬퍼했지만 강한 무장수비대가 그들을 포위하고 있었기 때문에 감히 도우려는 용기를 내지 못했다. 이때 철학자 소크라테스와 그의 두 친구가 앞으로 나와 수행원들을 방해하려 했다. 그러나 테라메네스는 그들에게 그런 행동을 하지 말도록 하였다. 그는 그들의 우정과 용기를 이해하지만 만일 그가 친밀한 그들에게 죽음의 원인이 된다면 자신으로서는 가장 큰 슬픔이 될 것이라고 말하였다. 소크라테스는 권위 있는 자들의 비타협적 태도를 보고 더는 아무런 행동을 하지 못하였다.35)

테라메네스에 대해 좀더 호의적 평가를 내리자면 기원전 404년의 30인 참주정기의 상황을 고려할 필요가 있다.

30인이 도시를 장악하게 되자 시민 가운데 누구도 가만히 내버려두지 않았고 재산과 출생과 명성에서 뛰어난 사람들을 없앴다. (중략) 이들은 테라메네스가 민중의 지도자가 되어 과두정을 허물지나 않을까 걱정하여 3,000명 시민을 등재하여 정부에 동참시키려 하였다. 그러나 테라메네스는 이에 대해서도 비판적이었다. 그 이유는 첫째, 적합한 사람을 동참시키려 한다 하면서도 마치 덕이 있는 사람들이 그 정도뿐인 것처럼 유권자가 겨우 3,000명에 불과하다는 것이었다. 둘째는 30인은, 권력을 폭력적인 것으로 함과 동시에 지배자를 지배받는 사람보다 더 약화시킨다는 모순된 양면을 가지고 있다는 것이었다. 그러나 그들은 이 같은 의견을 무시하면서 3,000명의 명부작성을 오랫동안 미루기만 하였고 그들이 인정하는 사람들만 자신 곁에 머무르게 하였다. 명부를 공개하려 할 때도 올라 있는 사람은 지우고 다른 사람을 대신 집어넣었다.

트라시불로스를 앞장세운 망명객들이 필레(페이라이에우스 부근)를 장악하였고 이에 대항한 30인의 작전은 성공하지 못하였다. 그래서 30인은 민중의 무장을 해제하고 테라메네스를 제거하려 하였다. 그들은 의회에 두 가지 법을 제안하여 가결되도록 사주하였다. 하나는 30인에게 3,000인의 목록에 올라 있지 않은 시민들을 죽일 수 있는 전권을 부여한다는 것이고, 다른 하나는 에에티오네이아 성벽 파괴[36]에 동참하거나 지난날 400인 과두정에 반대되는 일을 행한 사람이 현 정부에 동참하는 것을 금한다는 것이었다. 테라메네스는 이 두 가지에 다 관여하였으므로 법이 비준되자 정권

(politeia)의 외부로 밀려나왔으며 30인이 그를 죽일 수 있는 조건을 갖게 되었다. 이들은 테라메네스가 제거되자 3,000인을 제외한 모든 사람을 무장해제하고 다른 사안에서도 아주 거칠고 비열한 쪽으로 치달았던 한편, 라케다이몬으로 사자를 보내어 테라메네스를 비난하고 자신들을 도와줄 것을 호소하였다. 라케다이몬 사람들이 이 말을 듣고 칼리비오스를 해결사로 하고 700명 군대를 보냈으며 이들은 아크로폴리스로 들어와 진을 쳤다. 여기서 30인 참주정기에 외국 군대를 고용하면서 자국 시민의 무장을 해제하였음을 알 수 있는데, 이것은 기원전 6세기 페이시스트라토스 참주정기와 다르지 않다.

다음은 테라메네스가 처형되기 직전에 한 것으로 전하는 말이다.

30인이 덕망 있고 고명한 사람들을 체포하기 시작했을 때, 나는 그 반대편에 섰소. 명실공히 능력 있던 살라미스 사람 레온이 아무 죄도 없이 사형되었을 때, 나는 그와 비슷한 사람들이 공포에 차서 정부의 적이 될 것이라고 생각했기 때문이오. 또 그 아버지처럼 민중의 이익을 저버린 일이 없는 부유한 사람인 니키아스의 아들 니케라토스가 체포되었을 때 그와 같은 사람들이 우리에게 적이 될 것이라는 것을 알았소. 더구나 전쟁 동안 자신의 재산으로 쾌속함선을 제공한 안티폰이 우리에게 죽음을 당했을 때, 국가를 위해 정열적이었던 모든 사람들이 우리를 의혹에 찬 눈으로 보게 되었소. 나는 그들이 거류외인을 체포하고자 했을 때 반대하였소. 그들이 죽음을 당한다면 전체 외국인이 정부의 적이 될 것이기 때문이오. 나는 그들이 민중들로부터 무기를 뺏을 때도 반대하였다오. 라케다이몬인들도 아테네인이 무력해지거나 그들에게 봉사할 아테네인의 수가 줄어들기를 원하는 것은 아니기 때문이오. 또한 스파르타 수비대를 고용하는 것이 나를 언짢게 하였소. 우리가 안전하게 지배자가 될 때까지 같은 수의 우리 시민들을 모집할 수 있기 때문이오. 더구나 나는 도시의 많은 사람들이 정부에 대해 적이 되어가고 또 많은 사람들이 추방되는 때에, 트라시불로스, 아니토스, 알키비아데스를 추방하는 것을 좋게 생각하지 않았소. 그런 방법으로 민중이 능력 있는 지도자를 얻게 되거나 혹은 지도자가 되고자 하는 자가 민중의 지지를 얻는다면 그들의 반항은 더욱 강해질 것이라고 생각했기 때문이오. (중략) 그(크리티아스)는 나를 '변절자(코토르노스)'라고 부르오. 그의 말에 따르면, 내가 두 편에 모두 적응하려 했기 때문이라는 것이오. 그러면 그는 무엇이라고 불려야 하오? 민주정하에서는 민중의 혐오대상이었고, 귀족정하에서는 상류층의 증오의 대상으로 나타나는 그런 자니 말이오. 그러나 크리티아스, 나는 노예나 아니면 돈이 궁하여 국가조차 배반할 사람들이 참정권을 갖기 전에는 민주정이 아니라고 생각하는 사람들과 투쟁하였고, 또 극소수에 의해 국가가 지배당하기 전에는 좋은 과두정이 아니라고 생각하는

사람들과도 언제나 적대적이었다오.[37]

아리스토텔레스는 테라메네스에 대해 다음과 같이 극찬을 하고 있다.

아테네 정치가로 옛사람들의 전통을 잇는 최선의 사람은 니키아스·투키디데스·테라메네스로 생각되었다. 니키아스와 투키디데스에 대해서는 그냥 훌륭한 사람이며 정치가, 그리고 도시를 위해 일한 애국자였음을 거의 모든 사람들이 인정한다. 반면 테라메네스에 대해서는 평가가 엇갈린다. 이는 당시 정부가 혼란에 싸여 있었기 때문이다. 지엽적인 것에 구애받지 않는 사람들은 그가 모든 정부를 망쳤다는 비난을 받아들이지 않고 오히려 어떤 위법도 저지르지 않도록 이끌었다고 생각한다. 이는 올바른 시민이 그런 것처럼 테라메네스는 어떤 형태의 정부에서도 봉사할 수 있으나 불법을 용납하지 않고 그 반대편에 섰기 때문이다.[38]

그리스의 폴리스·마케도니아·페르시아의 삼각관계

펠로폰네소스 전쟁에서 승리한 스파르타는 당분간 아테네가 주도했던 과거 델로스 동맹의 해상지배권을 인수받았다. 육상동맹의 스파르타가 바다로 진출하게 된 것이다. 그런 가운데 전통의 스파르타 사회도 급격하게 변질되어 갔고 사회적 불평등과 함께 용병제도가 발달하였다.

기원전 4세기에는 그리스가 도시국가 간의 만성적 전쟁상태로 돌입하였다. 페르시아는 이런 상황을 이용하여 그리스의 내분을 흐뭇한 마음으로 방관하였다. 페르시아 왕과 그리스 사이에는 또 한 번 평화조약(제2차 왕의 평화/ 안탈키다스의 평화: 기원전 387년)이 맺어졌고 왕은 그리스의 도시국가들이 각각 자치적이라는 원칙을 천명하였다.

한편으로 스파르타는 테바이와 치열하게 접전하였다. 마침내 기원전 371년의 레우크트라 전투에서 스파르타는 결정적으로 패배하였으며 3~4세기간을 지배하며 생산물을 착취해오던 메세니아에 대한 패권을 상실해간다. 다른 한편 아테네는 왕의 평화가 체결된 지 약 10년 후(기원전 378년)에 에게 해를 중심으로 제2차 아테네 해상동맹을 결성하였다. 그러나 아테네의 새로운 패권주의는 동맹국들의 이탈로 이어져 기원전 358~355년 사이에는 동맹국 전쟁이 일어났다. 소아시아 남서부 카리아 왕국의 지배자 마우솔로스의 후원을 받으면서 키오스, 코스, 로데스 등이 동맹을 이탈하였다.

그 무렵 도시국가보다 부족들이 산재해 있던 그리스 동북부에서는 마케도니아가 군사력을 키우고 있었으며 기원전 5세기 후반에는 드디어 남쪽 그리스로 압력을 가하기 시작했다. 도시국들은 상호 간의 만성적 갈등으로 페르시아 혹은 마케도니아의 세력을 끌어들이려 하면서 상황은 더욱 복잡하게 전개되었다. 마침내 기원전 338년 그리스 중부 카이로네이아 전투에서 결정적인 승리를 거둔 마케도니아의 필리포스 II세가 제일 남쪽에 있는 스파르타를 제외한 나머지 그리스를 장악하였으며 그 괴뢰정부로 코린토스 동맹을 설립하였다.

이와 같은 대외정세에 편승했던 아테네의 가장 대조적인 노선의 정치가로는 이소크라테스와 데모스테네스를 들 수 있다. 이소크라테스는 대체로 친마케도니아·반페르시아였던 반면, 데모스테네스는 반마케도니아·친페르시아 노선에 섰기 때문이다. 양자는 마케도니아와 페르시아 둘 중 어느 쪽을 주적으로 보는가 하는 점에서 시각이 달랐다.

에우크라테스 법과 '민중의 해체'

카이로네이아 전투가 끝난 후 337/336년의 것으로 추정되는 대리석의 금석문이 1952년 미국 고고학 연구소에 의해 아테네 아고라에서 발견되었다. 이 금석문에는 아리스토티모스의 아들 에우크라테스(Eukrates Peiraieus)가 제안하여 민중에 의해 가결된 조령이 있다.

'참주정을 위하여 민중에 반대해 폭동을 일으키거나 참주정에 가담'하거나 '민중이나 민주정을 해체하는' 자가 있으면 이를 죽이는 사람은 무죄이다. 민중이나 민주정이 해체되는 경우 아레오파고스 의원들은 아레오파고스에 올라가지 못하고 집회(synedrion)에 참가하지 못하며 어떤 문제에 대해서도 토론하지 못한다. 이것을 어기는 아레오파고스 의원들은 자신과 그 자손이 시민권을 상실하고 그 재산은 몰수된다.

메리트는 이것을 '반참주법'이라 명명하였다.[39] 그러나 법에는 참주정에 대한 염려뿐 아니라 '민중의 해체'에 대한 것도 함께 언급되어 있다. 이것은 안도키데스(I, 96ff.)에 전하는 데모판토스 법(기원전 411/410년)에도 마찬가지이다. 데모판토스 법은 410년 과두파 혁명이 무산되고 민주정이 부활되던 기원전 410년에 통과된 것이다. 이와 같은 법을 '반참주법'이라고 규정하는 것은 이 두 개념을 유사한 것으로 파악하는 것이지만, 필자는 양자가 다를 뿐만 아니라 경우에 따라서는 상반된 개념도 될 수 있음을 말하려 한다. 더구나 데모판토스 법의 서두와 에우크라테스 법의 말미에는 '민중의 해체'에 대한 염려만 특히 강조되고 있음을 볼 수 있다.

누가 아테네의 민주정을 해체하거나 민주정이 해체되었을 때 관직에 임하면 아테네인의 적이 되고 그런 자를 죽이면 무죄이다. 그의 재산은 몰수되고 1/10이 신에게 돌아간다. (중략) 모든 아테네인들은 부족별, 데모스별로 제사를 올리면서 (죄를 쓰지 않고) 그런 사람을 죽일 것을 맹세한다. 그 맹세는 다음과 같다. "누가 아테네인의 민주정을 해체하거나 민주정이 해체된 상황에서 관직에 임하거나, 또 참주

가 되려고 반란을 일으키거나 혹은 참주에 동조하면 말과
행동과 투표, 손 등, 가능한 모든 방법으로 그를 죽인다."

이 데모판토스 법에 나오는 맹세에는 민주정의 해체와 참
주정에 대한 우려가 언급되지만, 당면한 현실문제와 관련해서
는 '참주'는 없고 '민중의 해체'만 언급된다. 이것은 참주와는
거리가 먼 기원전 411/410년의 과두적 400인의 집권에 관한
것이다. 400인 집권시의 정치체제가 기존 민주정과 다른 점은
참정권자가 5,000인 정도로 축소되고 전쟁기간 동안 관리는
무보수로 국가에 봉사하는 등의 원칙이었다.

이미 기원전 6세기 초 솔론 때 이미 '민중의 해체'에 대한
기소(에이산겔리아) 절차가 마련되어 있었으며, 기원전 4세기
의 『히페레이데스 변론문』(IV, 7)에도 '민중해체'에 대한 염려
가 언급되고 있고 참주에 대한 것은 없다. 솔론 이후 아테네
민주정 발달과정에서 '민중의 해체'에 대한 염려가 참주에 못
지 않게 컸음을 알 수 있다.

오스트왈드는 '민중의 해체'가 '참주'보다 더 넓은 개념이
라고 보았다.[40] 즉, 전자는 후자뿐만 아니라 데모판토스 법에
서 후자와 함께 '과두정'의 개념까지 포함하고 있다는 것이다.
여기서 오스트왈트는 '민중의 해체'를 과두정과 동일시하고
있다. 오스트왈드에 따르면, 솔론 시대의 '민중의 해체'는 불
분명한 개념이지만 정치체제의 전복 음모를 방지하기 위해 기
소절차를 아레오파고스에 마련한 것은 분명하다고 한다. 그리

고 '민중의 해체'가 '참주'와 다른 것은 정부를 전복하려는 주모자뿐 아니라 그 동료들을 함께 포함하기 때문이라 하였다.

그러나 오스트왈드의 견해와는 달리, 과두정의 주모자는 참주가 아니다. 400인 과두정은 참주정치와는 다른 원리에 입각해 있다. 위에서 보아왔듯이, 참주는 민중의 무장의 해제, 용병의 고용, 조직적 수세, 부유한 자들의 재산 몰수 등을 행한다. 그러나 400인 과두정에서는 그와 같은 참주의 폭력적인 권력은 행사되지 않았고, 합법적 민회의 결의 형식을 통하여 전통(조상)의 법을 부활시킨다는 원칙을 천명하였다. 400인 정부에서는 공직자들은 보수를 받지 않고 무료로 봉사하도록 한다. 그리고 400인 중의 일부가 대표행정위원회가 되어 국정운영의 중심이 될 뿐 폭력적 권력자의 모습은 보이지 않는다. 404년 크리티아스가 중심이 된 30인 참주의 집권은 이와 같은 411년의 400인과는 다르다. 30인 참주정기에 온건파 테라메네스가 처형당하게 되었을 때, 죽기 전에 그가 크리티아스와 한 대화는 양자의 상반된 정치적 성향을 잘 반영한다. 크리티아스가 테라메네스를 '민중을 해체한 자'로 비난한 반면 테라메네스는 크리티아스를 '과두정을 참주정으로 만들려 한다'고 비난한다. 즉, 데모판토스 법에서의 '민중 해체'는 참주정과는 다른 '과두정'의 위협에 관련된다고 하겠다.

그런데 '민중의 해체'가 과두정을 뜻하는 것이라고 말하는 것도 너무 단순하다. 소수정치를 뜻하는 과두정도 다양하여 참주적인 것도 있고 그렇지 않은 것도 있기 때문이다. 뿐만 아니라 아테네, 아르카디아, 아카이아, 엘리스, 플레이오스 사이에 맺어진 조약에서는 '만일 누가 아티카를 해치거나 민중을 해체하거나 참주나 과두정을 수립하거나'라고 하여 '민중의 해체'가 과두정과는 구분되어 언급되어 있다.[41] 또 '민중 해체'가 참주는 물론 과두정과도 다른 문맥에서 쓰이는 예를 볼 수 있다. 예를 들어 리쿠르고스의 변론문[42]에는 '도시를 배반하거나 민중을 해체하거나'라고 하고, 또 아테네와 테살리아 사이에 맺어진 영구동맹[43]에서는 '아테네에 적대적이거나 아테네 민중을 해체한다면'이라고 되어있다.

먼저 '민중의 해체'라는 표현은 400인 집권을 전후하여 참주와 아무 관련 없는 사건들에 쓰이고 있다. 폴리스트라토스라는 한 피고는 '민중을 해체'한 혐의를 받고 있었는데, 그는 오히려 자신이 '5,000인 대신 9,000인 명부를 작성하였으며 자신과 같이 시민의 수를 늘이려 한 사람이 아니라 줄이려 한 사람이 민중을 해체한 사람일 것'이라고 변명하고 있다.[44] 또 시켈리아 원정이 출발 조금 전에 일어난 엘레우시스의 은밀한 제식을 폭로하고 조롱한 사건, 그리고 시켈리아 원정군이 출발하기 전날 밤 헤르메스의 목을 절단한 사건에 대해 '민중의 해체'라는 표현을 쓰고 있다.[45] 전자는 알키비아데스의 조카이며 당시 젊고 경망한 정치가였던 알키비아데스가 속한 한 무리의 집단이, 금지되어 있는 엘레우시스의 은밀한 제식을 흉내내다가 발각된 사건이었다. 후자는 원정군이 출발하던 날 아침 아테네 시내 곳곳에서 헤르메스 상의 목이 절단된 사건으로 알키비아데스도 이 사건의 혐의자로 지목되었다.

또 기원전 4세기의 많은 저술 속에서는 '민중의 해체'가 정치체제의 전복과 무관하게 시민의 부정이나 범법행위에 대해 사용된다. 민중의 이익이나 도시의 단결을 해치는 위법사실뿐 아니라 도시의 관심사에 대한 무관심한 행위도 민주정부에 대한 적대적인 행위로서 '배반'이나 '민중의 해체'로 간주된다. 먼저 500인 위원들이 하던 맹세나 히페레이데스가 인용하고 있는 기소법에서는 참주나 과두파의 위협에 대한 것이 아닌 '배반'이나 '민중의 해체'가 언급되어 있는 것도 이런 관점에서 이해가 가능하다. 500인 의원의 맹세[46)]에는 '도시에 대한 배반' '민중의 해체' '세금의 미납' 등이, 그리고 히페레이데스가 인용하는 기소법[47)]에는 '민중의 해체'와 '(도시에 대한) 배반' 등이 나란히 언급되고 있다.

기원전 4세기의 변론가들은 '민중의 해체'라는 용어를 실제로 국가에 대한 범죄나 민중의 이익을 저해하는 사례에 적용하였는데, 이는 크게 두 가지 부류로 나누어 볼 수 있다. 하나는 잘못된 공권행사나 민중이 이익을 훼손하는 부정행위, 다른 하나는 정치에 무관심하거나 소극적임으로써 간접적으로 민중의 이익을 손상하는 것이다.

전자의 예로, 아리스타르코스는 아티카 북쪽에 있는 오이노에를 보이오티아의 테바이인들에게 넘겨주었으므로 '민중을 해체'하고 '배반'한 것으로 비난받았다.[48)] 또한 민중을 해체하거나 민중에게 최선의 것을 충고하지 않는 변론가들에 대해서도 기소가 이루어진다.[49] 이를 보면 변론가들에 의한 '민중의 해체'가 반드시 참주파나 과두파에 의한 정부전복의 시도와 관련된 것이라고는 할 수 없다. 또 리코프론은 어떤 결혼한 여자와 관계를 가졌으므로 같은 죄목으로 비난받았고[50] 칼리메돈은 메가라에 망명한 자들과 공모했다(기원전 324년) 하여 '민중을 해체'한 것으로 비난받고 있다.[51] 이 공모가 어떤 성격의 것이었는지는 불확실하나 반드시 정치체제의 전복과 관련되어 있다는 결론은 내릴 수가 없다. 당시 아테네의 민주정부가 전복의 위협을 받았던 것 같지는 않기 때문이다.

또 '민중의 해체'라는 말이 직접 쓰이지는 않았으나 알렉산드로스 대왕을 피해 도주해온 마케도니아의 하르팔로스로부터 뇌물을 받은 정치가들은 '정치체제를 해치는 자' '조국을 해치는 사람' '조국의 이익을 무시하는 사람'으로, 이들을 옹호하는 사람들은 '정치체제에 대한 적'으로 간주되었다.[52]

두 번째 범주의 예로, 변론가 리쿠르고스는 그의 글에서 '배반'과 '민중의 해체'를 이유로 레오크라테스를 비난하였는데, 그 이유는 레오크라테스가 카이로네이아 패전의 어려운 상황에서 아테네를 떠났고 아테네에 있는 재산을 팔아 로도스 섬과 메가라 등지에서 살다가 8년이 지난 후 아테네로 돌아왔기 때문이었다.[53] 더구나 리쿠르고스는 안도키데스에 전하는 데모판토스 법의 "아테네 민주정을 해체하거나 민주정이 해체된 상황에서 관직에 임하거나, 누가 참주를 꾀하거나 참주에 동조하거나 하는 자를 말, 행동, 투표, 손 등 가능한 모든 방법으로 그를 죽일 것이다"라는 문구를 "조국을 배신하는 자를 말, 행동, 투표, 손으로 죽일 것이다"로 바꾸어 적고 있다.[54]

이와 같이 '민중의 해체'가 '배반'과 연관되어 쓰이기도 하지만 그와 유사한 사례로서 '배반'이 '민중의 해체'라는 표현 없이 사용되는 예도 참고해 볼 수 있다. 필론은 30인 참주정기에 아테네를 버리고 아티카의 국경 너머 오로포스에서 살았으므로 30인 참주정 붕괴 후 '배반자'로 비난받았다.[55] 필론은 한 편만을 배반한 것이 아니라 두 편 모두를 배반하여 도시 측, 즉 아테네 시내에 있던 30인 참주에도 가담하지 않았고 피라이에우스에 있는 민주파에도 가담하지 않았다고 한다.

또 마케도니아에 굴복한 카이로네이아 전투 후 민중은 전시에 아이들과 부인들을 도시의 성벽 안으로 이주시킬 것, 그리고 장군들이 필요에 따라 아테네 시민이나 도시 내 다른 거주자들을 방위군으로 호출할 수 있으며 도시가 위기에 처했을 때 도주한 자들을 배반자로 처벌할 수 있다는 것 등을 결의하였다.[56] 아이스키네스에 의하면, 한 아테네인은 아테네가 곤경에 처했을 때 사모스로 건너가려고 하다가 '배반자'로 그날 당장 아레오파고스 의회에 의해 사형에 처해졌다.[57] 아이스키네스는 레오크라테스를 언급하는 곳에서 이 일화를 함께 소개하고 있는데, 위에서 말했듯이 리쿠르고스는 레오크라테스를 '배반'과 '민중의 해체'의 죄목과 관련짓고 있다. 아레오파고스의 의원이었던 아우톨리코스는 배반자로 유죄선고를 받았는데, 그 이유는 카이로네이아 패전 후 부인과 아이들을 국외로 피난시켰기 때문이었다.[58] 유사한 사례로 아테노게네스는 전쟁 중 조국을 떠나 군역을 기피하였으므로 고발되었다.[59] 그는 필리포스와의 전쟁(카이로네이아 전투)이 일어나기 직전에 도시를 떠나 전투에 참가하지 않고 트로이젠에 이주함으로써 '전쟁 시 이주해서 나간 사람이 다시 돌아오면 고발·체포된다'라는 법을 어겼기 때문이었다.

이렇게 카이로네이아 패전 이후 참주나 과두파로부터의 위협과 무관하게 '민중의 해체'와 '배반'이 있었음을 알 수 있다. '민중의 해체'는 반드시 직접적인 정부전복의 시도가 아니라 그 반대로 상류계층의 국가권력으로부터의 원심적 이탈, 민주정부에 대한 무관심 등과도 관련된다. 또 사리를 위해 부자들이 납세소홀이나 국방의무 등 사회적 현안에 무관심한 것뿐 아니라 개인의 재산을 무익하게 탕진하는 것까지도 국력을 약화하고 민중의 이익을 손상하는 것이었다. 그래서 흔히 사욕을 위해 재산을 낭비하는 부자들을 비난하는 대신 도시국가의 이익에 봉사하는 '좋고 선한 사람들(kaloi k'agathoi)'을 찬양하였다. 그러나 다른 한편으로 도시의 정치에 무관심한 것이 미덕인 양 자랑하던 사람들도 있었다.[60] 이것은 당시 상이한 가치관을 갖고 행동한 사람들이 있었음을 반증하는 것이다.

부유한 과두파들의 자의적 경향은 이미 기원전 6세기 초 솔론이 제정한 것으로 보이는 '중립금지법'[61]에서도 엿볼 수 있다. 이것은 내란 시 중립에 서는 것을 금지하고 어느 편에든지 가담할 것을 권장하는 것으로, 정치에의 지나친 참여로 인한 정쟁 발생 못지 않게 정치현안에 대한 시민들의 무관심이 문제가 되었음을 알 수 있다. 이 법을 제정한 동기는 다음과 같이 기록되어 있다. "도시에 내란이 이는데 일부 시민들이 나태함으로 인해 관성에 젖어 무관심한 것을 보고 이 법을 제정하였다."

기원전 4세기에도 국가가 위기에 처했을 때 무관심한 사람이 비난을 받았던 사실은 이와 같은 시각에서 이해가 가능하다. 예를 들어 위에서 이미 언급했듯이, 30인 참주정기에 아테네를 버리고 아티카의 국경 너머 오로포스에서 살았던 필론은 한 편만을 배반한 것이 아니라 두 편 모두를 배반한 것으로 비난받았다.[62] 그는 아테네 시내에 있던 30인 참주에도 가담하지 않았고 피라이에우스에 있는 민주파에도 가담하지 않았기 때문이다. 부자들을 중심으로 한 이와 같은 보수적 경향은 후대보다 솔론 시대에 더 강하였으며, 그만큼 강한 권력을 행사하는 참주정에 대한 공포도 더 과장되었다.

보수성이 강했던 솔론 시대의 '중립금지법'은 내란 시 정치에 무관심한 사람을 대상으로 하였으나 민중의 권한이 강화된 후기에는 내란뿐 아니라 외적과의 전쟁은 물론 평화 시에도 정치나 사회에 무관심한 사람들은 처벌 대상이 되었다. 즉, 전쟁시 도시를 저버리거나 세금의 미납 등도 '민중의 해체'에 준한 범죄로 처벌되었다.

결론적으로 아테네 역사에서는 크게 두 가지 상반된 경향을 볼 수 있다. 민중의 능동적·호전적 경향과 보수파의 소극적·복지부동의 경향이 그것이다. 이런 상반된 경향은 개인별 뿐 아니라 한 개인이나 같은 정치기관 안에서도 시기나 사안에 따라 달라질 수 있었다.

마케도니아에 패배한 카이로네이아 전쟁 이후의 에우크라테스 법에서는 아레오파고스 의원들로 하여금 아레오파고스로 올라가거나 의회를 열지 못하도록 하고 있다. 이것은 마케도니아의 외압으로 인한 민주정부 자체의 붕괴 위협에 직면하여 아레오파고스 의원들의 민중에 대한 배반행위를 미연에 방지하려 했던 것으로 이해할 수 있다. 다수가 비교적 부유한 사람들로 구성되었을 아레오파고스 의원들도 마냥 반(反)국가적 집단인 것만은 아니었고 가끔 외적의 침략 앞에서 구국에 기여하기도 했다. 그러나 이미 져버린 싸움 뒤에는 어느 누구보다 더 보수적 성향을 띠게 마련이었다. 그때까지만 해도 건재했던 아테네 민중은 그들이 사리를 우선하여 공동체의 현안에 소극적으로 대처할 것에 대해 염려했던 것이라 하겠다.

주

1) Aristoteles, *Politika*, 1289 a28.

2) Aristoteles, *Politika*, 1291 b39~1292 a4.

3) Aristoteles, *Politika*, 1292 a5~7.

4) Aristoteles, *Politika*, 1292 a9.

5) Aristoteles, *Politika*, 1292 a39~1292 b10.

6) 아리스토텔레스는 가끔 민주정(demokratia)과 여러 가지 정치적 요소로 구성되는 폴리테이아를 유사한 의미로 사용하고 있다.(*Politika*, 1297 b24~27) 지금 우리가 '폴리테이아'라 부르는 것을 조상들(proteroi)은 '민주정(demokratia)'이라고 불렀는데, 고대의 폴리테이아는 물론 과두적이고 군주정적이었다.

7) M. Lang (*Cleon as the anti-Pericles, CPh*, LXVII, 1972, pp.163-165)은 선동 정치가(demagogos)인 클레온이 과두파일 가능성이 있다고 생각하였다. 왜냐하면 페리클레스와는 반대로, 민회에서 정책을 결정하는 민중에 대해 믿음을 갖지 않고 아르콘의 권력을 강화할 것을 원하였기 때문이다. 그러나 아리스토텔레스가 서술하는 바에 따르면, 아르콘의 권력 강화와 민회의 권한의 약화는 과두정부에서뿐 아니라 민주정부에서도 가능하다.

8) Aristoteles, *Politika*, 1279 b18ff. 1292 a5ff.

9) Aristoteles, *Politika*, 1291 b26.

10) Aristoteles, *Politika*, 1290 a30~1290 b2.

11) Aristoteles, *Politika*, 1291 b30~37.

12) cf. G. de Sanctis, *Atthis*(Torino, 1912), p.157 ; J. Martin, "Von Kleisthenes zu Ephialtes", *Chiron* IV (1974), pp.5-42.

13) 1890년 영국 박물관에 의해 이집트에서 발굴된 파피루스 속에 들어 있었는데, 박물관 사서 F. Kenyon이 그것을 알아보고 1891년 처음으로 출판하였다.

14) Aristoteles, *Athenaion Politeia*, XXVIII, 2~3.

15) W.R. Connor, *The New Politicians of Fifth Century Athens* (Princeton, 1971), p.5ff. ; R. Sealey, *A History of the Greek City States 700~338 B.C.*(Los Angeles, 1976), p.89ff. cf. M.I. Finley,

"Athenian Demagogues", in *Studies in Ancient Society*, ed. M.I. Finley(London, 1974), p.24.

16) cf. J. Martin, "Von Kleisthenes zu Ephialtes", *Chiron* IV(1974), p. 41. 기원전 4세기 아테네 정치가들이 상류 사회계층 출신이 었다는 것에 관해서 cf. J. Sundwall, *Epigraphische Beiträge zur sozial-politischen Geschichte, Athens im Zeitalter des Demosthenes, Klio*, Beiheft, 4(Leipzig, 1906), pp.73~74.

17) cf. 아리스토텔레스는 과두정에서는 재산을 가진 사람, 민주 정에서는 재산이 없는 빈자가 주도권을 장악한다고 기록하 고 있지만, 아테네의 민주정에서조차도 기원전 5세기의 후반 부를 제외하고는 빈자들이 정치적 영향력을 크게 행사한 시 기는 없다고 하겠다.(Politika, 1279 b17ff.)

18) Isokrates, X, 36, XII, 126~9 ; Dem. LIX, 75 테세우스가 이들 을 한 곳에 정주시키고, 민주정을 수립하여 도시에 많은 사 람들이 운집하였을 때 민중이 덕이 있는 사람으로 지지를 받 아 예비선출된 후보자들 가운데서 그(테세우스)를 예전같이 왕으로 선출하였다.

19) Aristoteles, *Athenaion Politeia*, VIII, 1. 그중 6명의 법무부장관과 서기는 추첨으로 뽑되, 수석아르콘, 바실레우스(왕), 폴레마 르코스(국방장관)의 3아르콘은 각 부족에서 차례로 돌아가면 서 내었다고도 한다(cf. Aristoteles, *Athenaion Politeia*, LV, 1).

20) Aristoteles, *Athenaion Politeia*, XII ff.

21) 기원전 579년경.

22) 과거 킬론의 음모 때 알크메오니다이 가문 사람들이 신성한 신전에 피신한 킬론 일당을 끌어내어 죽였기 때문이다.

23) D. Whitehead, *The Demes of Attica 508/7~ca.250 B.C. : A Political and Social Study*(Princeton/New Jersy, 1986), p.27.

24) G. Busolt, *Griechische Geschichte bis zur Schlacht bei Chaironeia*, 1. Theil(Gotha, 1885), p.614(n.5).

25) Aristoteles, *Athenaion Politeia*, XXXVIII ff.

26) Aristoteles, *Athenaion Politeia*, LXI.

27) 1탈란톤은 대강 소 한 마리 값에 해당하는 무게의 은이나 청 동. 머리부분 없이 팔다리가 사방으로 뻗어있는 소 껍질을 펴놓은 것 같은 모양을 하고 있다.

28) Thucydides, V, lxxxiv~cxvi passim.

29) 특히 사모스 섬을 복속시킨 후에 키몬은 그 섬에 있던 테세우스의 유골을 찾아서 아테네로 가져와 이장함으로써 아테네 사람들의 해묵은 소원을 풀었다. 테세우스는 아테네를 건설한 영웅이었는데, 아테네 사람들은 그때까지 여러 번의 노력에도 불구하고 그의 무덤이 어디 있는지조차 정확하게 알지 못하였다.

30) Thucydes, II, xxxvi, 2ff.

31) Aristoteles, *Athenaion Politeia*, XXIX, 3ff.

32) 기원전 403년.

33) Aristoteles, *Athenaion Politeia*, XXXVIII ff.

34) Lysias, XII, 66f.

35) Diodoros Sikulos, XIV, v, 1.

36) 411/410년 과두파혁명 때 과두파들이 페이라이에우스에 쌓으려 한 성벽이다. 테라메네스와 그 동조자들은 이 성벽이 사모스의 군대가 페이라이에우스로 들어오는 것을 막으려는 것이 아니라 적의 함대를 쉽게 받아들이려는 것이라고 주장하였다. 라케다이몬으로 간 사신이 강화를 맺지 못하고 돌아왔을 때 테라메네스는 이 성벽이 나라를 망치게 될 것이라고 공언하였다.

37) Xenophon, *Hellenika*, II, iii, 39ff.

38) Aristoteles, *Athenaion Politeia*, XXVIII, 5.

39) B.D. Meritt, "Law against Tyranny," in "Greek Inscriptions," *Hesperia*, XXI(1952), pp.355~359.

40) M. Ostwald, "The Athenian legislation against tyranny and subversion", *Transactions and Proceedings of American Philological Association*, LXXXVI(1956), p.113 ; cf. G. Busolt & H. Swoboda, *Griechische Staatskunde*(München, 1920/6), p.849(p.848, n.3ff.).

41) M.N. Tod, *Selection of Greek Historical Inscriptions*, II(Oxford, 1948), n.144, line, 24~26(362/361 B.C.).

42) Lykurgos, I, 126.

43) M.N. Tod, *A Selection of Greek Historical Inscriptions*, II, n.147, line, 27~29(361/360 B.C.).

44) Lysias, XX, 13.

45) cf. Andokides, I, 36 ; Thukydides, VI, xxvii,3 : xxviii, 2 ; Isokrates, XVI, 6.

46) Demosthenes, XXIV, 144.

47) Hypereides, IV, 7~8.

48) Xenophon, *Hellenika*, I, 7:28.

49) Lexikon Kantabrigiense, s.v. eisangelia(cf. Krateros, *FGH*, F.342, F.11a) ; Pollux, VIII, 52 ; cf. Hypereides, IV, 7~8.

50) Hypereides, I, 12 ; Lykurgos, F. C.11~12 = F.70.

51) Dinarchos, I, 94.

52) Dinarchos, I, 3:98:112 ibid, Hypereides, V, col.38.

53) Lykurgos, I, 124 : cf. I, 18:21:89:121. 군역을 피하거나 하면 재판이 행해지고(Xenophon, *Athenaion Politeia*, III, 5) 전쟁 시 이주해 나간 사람이 다시 돌아오면 고발(endeixis)되고 체포 (apagoge)된다라는 법이 있었다.(Hypereides, III, 29)

54) Lykurgos, I, 127.

55) Lysias, XXXI, 13.

56) Lykurgos, I, 16:53.

57) Aischines, III, 252.

58) Lykurgos, I, 53 : cf. ibid. F.9. 아우톨리코스가 아레오파고스 의원이었다는 기록은 Aischines, I, 83 참조.

59) Hypereides, III, 29.

60) Lysias, XIX, 55 ; Demosthenes, LVIII, 65.

61) Aristoteles, *Athenaion Politeia*, VIII, 5.

62) Lysias, XXXI, 13.

정치의 원형을 찾아서 고대 그리스 정치

| 펴낸날 | 초판 1쇄 2005년 4월 10일 |
| | 초판 3쇄 2012년 10월 29일 |

지은이	**최자영**
펴낸이	**심만수**
펴낸곳	**(주)살림출판사**
출판등록	1989년 11월 1일 제9-210호

경기도 파주시 문발동 522-1
전화 031)955-1350   팩스 031)955-1355
기획·편집 031)955-4662
http://www.sallimbooks.com
book@sallimbooks.com

ISBN   978-89-522-0359-5   04080